미래를 살아갈
어린이들이
꼭 알아야 할
민주주의와
선거

미래를 살아갈 어린이들이
꼭 알아야 할 민주주의와 선거

초판 1쇄 발행 2023년 3월 30일
초판 3쇄 발행 2025년 4월 25일

지은이 천윤정
그린이 박선하
펴낸이 이지은 **펴낸곳** 팜파스
기획편집 박선희
디자인 조성미 **마케팅** 김서희, 김민경
인쇄 케이피알커뮤니케이션

출판등록 2002년 12월 30일 제 10-2536호
주소 서울특별시 마포구 어울마당로5길 18 팜파스빌딩 2층
대표전화 02-335-3681 **팩스** 02-335-3743
홈페이지 www.pampasbook.com | blog.naver.com/pampasbook
이메일 pampasbook@naver.com

값 13,000원
ISBN 979-11-7026-566-5 (73340)

ⓒ 2023. 천윤정

· 이 책의 일부 내용을 인용하거나 발췌하려면 반드시 저작권자의 동의를 얻어야 합니다.
· 잘못된 책은 바꿔 드립니다.

미래를 살아갈 어린이들이 꼭 알아야 할

민주주의와 선거

천윤정 글 | 박선하 그림

팜파스

어린이 친구들에게

우리는 태어나면서부터 인간으로서 당연한 권리를 갖습니다. 누구나 행복하게 살 권리가 있지요. 다른 사람에게 존중받고, 자유롭게 하고 싶은 말을 하고, 가고 싶은 곳으로 떠날 수 있습니다. 다른 사람과 똑같은 기회를 얻을 수도 있습니다.

이 모든 것은 대한민국이 '민주 공화국'이기 때문에 가능합니다. 우리는 모두 자유롭고 평등해서 국가나 일부 사람들에게 지배받지 않습니다. 우리 손으로 직접 우리를 대신해 일할 사람을 뽑습니다. 만약 뽑힌 사람이 일을 잘 못한다면 다음에는 다른 사람을 대표로 뽑을 수 있지요. 바로 우리 행복을 위해서요.

그렇다면 지금 우리는 진정으로 행복한 민주주의 국가에서 살고 있을까요?

그렇지 않습니다. 사실 민주주의는 완벽하지 않습니다. 우리나라뿐 아니라 다른 민주주의 국가들도 마찬가지죠. 누군가는 소외되며, 모두에게 평등하고 공정한 기회가 주어지지도 않습니다. 행복한 사람보다 불행한 사람이 더 많은 것처럼 느껴지기도 합니다. 그럼에도 불구하고 사람들은 더 나은 민주주의 세상을 만들기 위해서 계속 노력하고 있습니다.

민주주의의 꽃이라는 '선거'에서 예를 하나 들어 볼까요? 민주주의 국가에서 선거는 매우 중요합니다. 우리 대신 우리를 위해 일할 사람을 뽑는 일이기 때문입니다. 우리가 정치에 참여할 수 있는 가장 기본적이고 쉬운 일이지요. 따라서 선거는 일정 나이 이상이 되면, 누구나 동등하게 투표를 할 수 있어야 합니다.

그러나 현실은 어떨까요? 모두가 동등하게 투표를 하지 못합니다. 글을 잘 이해하기 어려운 발달 장애인이나 학습 장애인들에게 글자와 숫자뿐인 투표용지는 마치 암호 같습니다. 이러한 장애를 갖고 있는 사람들은 원하는 후보를 뽑지 못하는 경우가 많지요.

그래서 스코틀랜드, 아일랜드 등 50여 개 국가는 투표용지에 후보자들의 사진을 인쇄해서 모든 유권자들이 후보자들을 바로 알아보도록 했습니다. 스웨덴은 모든 정당들이 정책과 공약을 발달 장애인들도 이해하기 쉽게 만들었고요. 영국도 2010년 총선 이후부터는 학습이나 발달 장애를 겪는 사람들을 위해 선거에 관련된 정보를 담은 '읽기 쉬운 요약집(Easy Read Summary)'을 발간합니다. 이를 통해 장애와 관계없이 원하는 후보를 제대로 뽑을 수 있도록 돕습니다. 우리나라에서도 제20대 대통령 선거에서 발달 장애인들이 투표 보조의 도움을 받아 투표를 할 수 있게 했지요.

　더 나은 민주주의를 위해 소수의 사람들을 생각하고 우선 배려하려는 일이 왜 중요할까요? 현대 민주주의는 소외되는 사람들 없이 '모두'가 행복한 세상을 만들기 위해 등장했기 때문입니다. 더 많은 사람들이 세상일에 목소리를 낼 수 있고, 그럼으로써 행복해질 수 있다면 민주주의는 계속 나은 방향으로 변하겠지요. 궁극적으로 민주주의 국가가 목표로 삼는 '모두가 행복한' 나라가 될 것입니다.

　그리고 변화를 만들어 내는 것은 생각보다 어려운 일이 아닙니다. 국가가 모두를 위해 제대로 일을 하는지 지켜보고, 여러분이 주변의 어려움을 살피며 힘을 나누는 것만으로도 세상은 좋아질 수 있습니다. 그렇게 우리가 사는 세상이 좋은 세상이 되면, 여러분이 주변을 위해 기울인 노력은 결국 여러분의 행복으로 되돌아오겠지요.

　이 책이 여러분에게 이러한 민주주의가 갖는 의미와 민주주의 사회에서 선거의 역할, 또 미래 선거와 정치에 대해 생각하는 작은 계기가 되길 기대해 봅니다.

　끝으로 이 책의 두 번째 이야기 속 진짜 주인공들인 미르 초등학교 환경 동아리 강정안, 박서현, 손세린, 이연서, 이민영, 정하린 친구들에게 깊은 감사를 전합니다. 흔쾌히 친구들의 이야기를 들려주고 참고할 수 있게 해 줘서 고맙습니다.

　하린과 하윤 두 딸에게, 지금보다 더 나은 민주주의 혹은 민주주의보다 더 좋은 정치 형태를 만들어 갈 여러분 모두에게 이 책을 바칩니다.

천윤정

차례

어린이 친구들에게 ··· 4

이야기 하나 · 진아와 아랑, 세상을 바꾸다! ··· 12

민주주의, 모두가 나라의 주인 ··· 26

민주주의, 너에 대해 알고 싶어! ··· 26
민주주의의 역사는 길고도 짧아! ··· 28
자유와 평등, 인간의 존엄성을 지키는 두 가지 가치! ··· 31
함께 토론해 보자! 자유와 평등이 서로 부딪힌다면?
자유와 평등 사이를 조정하는 열쇠, '정의' ··· 35
민주주의, 옳기만 한 걸까? ··· 36

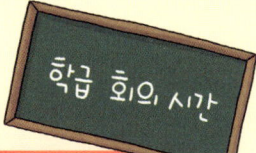

사총사! 아파트 쓰레기 문제를 해결하다! 40

정치, 다스린다는 게 뭘까? 54

직접 참여하고 직접 변화시키자 55
'대의 민주주의', 우리 모두를 대신해 일할 사람을 뽑자! 58
올바른 정치를 위해 헌법은 우리 힘으로! 60
우리도 정치를 하고 싶어요! 62

함께 토론해 보자! 청소년에게도 참정권을!

이야기 셋 누구를 뽑아야 할까? 　　　　　66

민주주의의 꽃, 선거에 대해 알아보자! 　　　82

- 선거는 투쟁으로 얻어 낸 민주주의 산물이야! 　　82
- 민주주의의 꽃, 선거에도 원칙이 있어! 　　86
- 정치 제도에는 어떤 것들이 있을까? 　　87
- 우리나라 선거에 대해 알아보자! 　　89
- 매니페스토 운동!
  거짓 공약을 걸러 내고 좋은 후보자를 선택하자! 　　94

함께 토론해 보자! 사표도 권리일까?

 이야기 넷

토끼들이여! 동물 왕국에서 독립하자! 98

올바른 정치를 하려면 우리의 생각을 노리는 가짜 뉴스를 피해야 해! 110

- 가짜 뉴스와 SNS, 내 생각을 조종한다?! 110
- '브렉시트'로 알아보는 가짜 뉴스와 국민 투표 112
  - 함께 토론해 보자! **국민 투표 제도의 두 얼굴?**
- 미디어 리터러시가 더욱 필요해! 116
- 조회 수를 위해 얼렁뚱땅 재빠르게 영상을 만든다! 사이버 렉카 119

 이야기 다섯

인공지능 클로버의 특별한 하루 120

선거와 과학, 그리고 민주주의의 미래 132

- 선거와 과학, 떼려야 뗄 수 없다고? 132
- 미래 선거, 선거에 첨단 과학을 더하다! 134
- 미래의 선거를 위해 우리가 해야 할 고민들 136

이야기 하나

진아와 아랑, 세상을 바꾸다!

"야. 얘들아. 나, 어제 거기 갔어."

진아는 큰소리로 떠드는 친구를 바라보았다. 친구가 말한 '거기'란 머리 위에 새싹이 없는 사람들이 있는 마을이었다. 친구는 아이들의 시선이 몰리자 으스대며 그곳 사람들에 대해 제멋대로 떠들었다.

진아는 책상에 엎드렸다. 진아에게는 말할 수 없는 비밀이 하나 있다. 바로 새싹이 없는 친구가 있다는 것이다. 이름은 아랑이. 싸울 때도 있지만, 아랑이는 똑똑하고 소중한 친구다. 그러니까 진아와 아랑이는 머리에 새싹이 있건 없건 평범한 친구 사이다.

이 세상에는 사람들의 머리 위에 새싹이 있다. 물론 처음부터 그랬던 건 아니다. 그 일은 갑자기 시작됐다고 한다. 아침에 일어났을 때, 사람들 머리 위로 이파리 두 장이 마주 보는 새싹이 생겼다.

싱그러운 초록빛 새싹은 원래 그랬던 것처럼 사람들 머리 위에 사뿐히 떠 있었다. 왕도, 백성도, 부자도, 가난한 사람도 모두 똑같았다. 왕이 신의 아들이라 특별해서 나라를 다스리는 거라고 믿었던 사람들은 의아해졌다.

"만약 왕이 특별하다면 이 아름다운 새싹들은 왕에게만 나타나야 되는 거 아냐?"

"그러게 말이야. 그런데 우리 모두 이렇게 머리 위로 새싹이 돋아났잖아. 왕이든 우리든 다 똑같은 사람들이란 거 아니겠어."

사람들이 따지자 왕은 더 이상 자신이 신의 아이라고 하지 못했다. 그러자 누가 누구를 다스린답시고 제멋대로 하기 어려워졌다.

그렇게 세월이 흘렀다. 나라는 머리에 새싹을 가진 시민들의 나라가 되었다. 시민이 주인인 '민주주의' 시대가 열린 것이다. 나라에 문제가 생기면 모두 모여 이야기를 나누어 해결했다. 시민들은 토론하며 법을 만들고 의견이 좁혀지지 않으면 투표를 했다.

그런데 문제가 생기고 말았다.

"소식 들었어? 얼마 전에 태어난 아기가 머리에 새싹이 없었대."

"세상에!!"

"한둘이 아니래. 지금 그것 때문에 다들 난리야."

새싹이 모두에게 공평하게 나타났기 때문에 사람들은 모두 평등하다고 생각했다. 새싹은 곧 시민을 뜻했다. 그 생각대로라면 새싹이 없는 사람은 시민이 아닌 셈이다.

사람들은 새싹이 없는 사람들을 어떻게 대할지 고민하다 투표를 했다. 그 결과, 52%의 사람들이 이들을 시민으로 인정하지 말자고 했다.

물론 그러면 안 된다고 주장하는 사람들도 있었다. 하지만, 모두 평등한 사회에서 투표 결과는 매우 중요했다. 투표 결과를 따르지 않는다면, 투표하는 의미가 사라지기 때문이다.

그렇게 새싹이 없는 사람들은 시민이 되지 못했다. 그들은 투표하는 권리, 즉 투표권도 잃었다. 그리고 점점 시민들이 꺼리거나 위험한 일 등을 하며 따로 모여 살았다.

몇몇 사람들은 그들도 잘살 수 있게 도와야 한다고 했다. 몇몇 사람들은 우리와 다른 사람이니 신경 쓰지 말자고 했다. 하지만 모두 공통되게 새싹이 없는 사람들은 불행하다고 말했다.

하지만 진아는 아랑이를 만나고 알게 됐다. 대부분 힘든 일을 하고 가난하지만, 새싹이 없는 사람들도 평범하고 행복하게 살고 있었다. 진아가 아랑이를 처음 만난 날도 그랬다.

그날 진아는 평소와는 다른 길로 가고 있었다. 어디선가 아이들 웃음소리가 들려왔다. 그 소리를 따라가니 낡은 놀이터가 보였다. 놀이 기구도 녹슬고 땅도 고르지 않아 위험해 보였다.

그런데도 아이들은 즐겁게 놀고 있었다. 아이들을 바라보는 어른들의 미소도 따스했다. 모두 새싹이 없는 사람들이었다.

"야."

진아는 깜짝 놀라 뒤로 돌았다. 긴 머리를 양 갈래로 곱게 땋은 여자애가 진아를 보고 있었다. 그 여자애의 머리에도 새싹이 없었다.

"새싹 있는 애가 여기서 뭐해?"

진아가 아무 말도 못하고 있으니까 여자애는 피식 웃었다.

"너, 새싹 없는 사람들이 궁금해? 가끔 기웃거리는 애들 있더라."

진아는 순간 부끄러워 도망치고 말았다.

그날 밤에 진아는 잠을 이루지 못했다. 그 여자애가 얼마나 어처구니없었을까? 갑자기 나타나더니 아무 말 없이 도망갔으니 말이다. 진아는 이불을 차면서 돌아누웠다.

다음 날, 학교가 끝나자마자 진아는 그 놀이터로 갔다. 한참 그 여자애를 기다렸다. 놀이터에는 어제처럼 아이들이 몰려들었다.

"어?"

먼저 진아를 알아본 여자애가 진아에게 다가왔다.

"어제 왜 도망갔어?"

"미안. 그럴 생각은 아니었어."

진아가 사과를 하자 여자애의 눈이 커다래졌다.

"혹시 너, 오늘 나한테 사과하러 온 거야?"

"응. 내가 갑자기 도망가서 황당했을 거 같아."

"어. 되게 황당했어."

"미안해. 참, 난 이진아라고 해. 너는?"

"나는 아랑이야. 서아랑. 우리랑 같이 놀래?"

아랑이는 진아에게 손을 내밀었다. 진아는 아랑이가 내민 손을 잡았다. 그렇게 진아에게는 아랑이라는 특별한 친구가 생겼다.

오늘도 진아는 아랑이랑 팔자놀이니, 술래잡기니 하며 잔뜩 놀다 그네에 앉았다. 그네는 오래되어 끼익 소리가 났다.

아랑이가 말을 꺼냈다.

"머리 위에 새싹은 왜 생긴 걸까? 책을 보면 어느 날 갑자기 생겼다고 나와 있잖아."

"……."

"갑자기 아무 이유 없이 생겼다면서 왜 다들 이게 뭔지 궁금해하지 않을까? 그냥 모두에게 이런 게 생기니까 '아. 당연한 거구나.'라고 생각한 걸까?"

진아는 바닥에 있는 돌을 툭툭 차며 말했다.

"그래도 새싹 덕에 왕이 모든 걸 결정하던 시절이 끝났잖아."

아랑이가 그 말에 코웃음을 쳤다.

"새싹이 꼭 시민을 상징하는 거라고 누가 증명할 수 있는데? 어쩌면 새싹 따위 없어도 모두 나라의 주인이 될 수 있지 않았을까?"

아랑이는 발을 세게 굴러 그네를 밀었다.

"난 정치가가 되고 싶어. 사람들을 위해 무엇이 좋을지 고민하고 세상을 행복하게 만드는 게 꿈이야. 그런데 이 얘기를 아빠한테 했더

니 아빠가 나는 새싹이 없어서 정치가가 될 수 없대. 우리는 새싹이 사라진 게 아니라 태어날 때부터 새싹이 없었어. 그게 무슨 잘못이라고 우리가 무시당하는 걸까?"

진아는 머리를 한 대 맞은 거 같았다. 아랑이 말이 옳았기 때문이다.

"맞아. 새싹이 없는 게 무슨 잘못도 아닌데."

"그러니까. 새싹이 중요한 게 아니야. 인간이라면 누구나 행복할 권리가 있는 거잖아."

그때 진아에게 좋은 생각이 퍼뜩 떠올랐다.

"아랑아. 혹시 새싹을 반으로 나누면 어떨까?"

진아의 말에 아랑이가 눈을 크게 떴다.

"그게 무슨 뜻이야?"

"새싹은 이파리가 두 장이잖아. 그러니까 반으로 나눠서 새싹이 없는 사람에게 주는 거지."

"새싹을 나눈다고?"

"응. 만약 그럴 수 있다면 너에게 내 새싹을 나눠 주고 싶어."

아랑이는 잠시 조용해졌다.

"새싹을 나한테 나눠 준다니. 그게 무슨 뜻이야? 너 혹시 내가 새싹이 없어서 불쌍하다고 생각했어?"

아랑이의 말에 진아는 놀라서 손을 내저었다.

"아냐. 그런 게 아냐."

"오늘은 그만 놀자. 잘 가."

아랑이는 진아가 더 말하기도 전에 집 쪽으로 뛰어갔다. 진아는 괜히 아랑이를 상처 입힌 것 같아 마음이 무거웠다. 하지만 아랑이 생각은 오해였다. 진아는 아랑이가 꿈꾸는 정치가가 되어야 한다고 생각했다. 그래서 새싹을 주고 싶었던 거였다.

그날 진아는 저녁을 먹는 둥 마는 둥 하다가 엄마에게 물었다.

"우리 머리 위에 새싹 말이에요. 이파리가 두 개잖아요. 한 개 떼서 없는 사람에게 나눠 줘도 되지 않아요?"

무슨 말도 안 되는 소리냐고 할 법도 한데, 엄마는 빙그레 웃으며 진아를 바라보았다.

"우리 딸이 왜 그런 생각을 했을까?"

"그냥요."

"새싹을 떼서 한쪽을 다른 사람에게 주는 건 그 사람 마음이야. 그런데 만약 새싹이 이파리 하나만으로는 위에 잘 있지 못한다면? 그러면 둘 다 새싹이 없게 되는 거야. 그걸 감당할 수 있겠니?"

진아는 잠시 말을 잃었다.

"그래서 모두 새싹을 뗄 생각을 못 한 거예요? 그럼 새싹 없이도 모두 같다고 하면 안 돼요? 왜 사람들은 이렇게 힘들게 사는 걸까요?"

"그러게. 그건 아마도 새싹이 없는 사람들 숫자가 적어서일 거야."

"네?"

"진아야. 만일 새싹이 없는 사람들이 새싹이 있는 사람보다 훨씬 더 많았다면 상황은 반대였을 거야. 머리 위에 새싹이 있는 게 비정상이고, 오히려 새싹이 없어야 시민으로 인정받을 수 있었겠지. 그런데 실제로는 새싹이 없는 사람들이 훨씬 더 적어. 그래서 그들의 목소리가 제대로 들리지 않게 된 거야."

엄마가 말을 마치자 진아는 마음이 무거워졌다. 어른들이야 어쩔 수 없다고 생각했는지 모르지만 진아는 뭔가 할 수 있는 일이 있을 것 같았다.

저녁 식사 후 진아는 한 번도 만져 볼 생각을 못 했던 새싹을 조심스럽게 만져 보았다. 새싹은 잠시 멈췄다가 빙그르르 돌았다. 정말 이것보다 더 예쁜 게 세상에 있을까 싶었다. 새싹이 가진 상징을 떠나 생김새도 무척 예뻤다. 그래서 모두 이파리를 포기하지 못하나 보다. 막상 새싹을 만져 보니 진아도 이파리를 뜯을 자신이 없었다.

다음 날 진아는 일찍 나와 아랑이를 기다렸다.

"안녕."

아랑이는 처음 만났을 때처럼 빙그레 웃으며 인사를 건넸다. 진아는 반가워 아랑이의 손을 잡았다. 아랑이가 먼저 말을 꺼냈다.

"진아야. 미안."

"뭐가 미안해."

"어제 내가 다짜고짜 화를 내 버렸잖아. 미안해. 곰곰이 생각해 보니까 내가 괜히 자격지심에 화를 낸 거였어."

"아냐. 나도 갑자기 말했잖아. 그런데 아랑아. 나는 널 불쌍하게 생각한 적이 한 번도 없어."

"알아."

둘은 함께 그네에 앉았다. 낡은 그네는 여전히 삐거덕거렸다.

"이 그네 곧 부서질 거 같다."

"응. 엄마가 계속 주민 센터에 건의했는데, 좀처럼 고쳐 주질 않네. 예산이 없대. 하여간 여긴 정말 신경 쓰고 싶지 않은가 봐. 다 같은 사람인데 너무해."

"그럼 나도 부모님께 말씀드려서 주민 센터에 얘기해 볼게. 많은 사람들이 계속 말하면 언젠가는 들어주겠지."

진아가 당차게 말하자 아랑이는 미소를 지었다.

"나는 내 환경이 어떻든 행복은 스스로 만드는 거라고 배웠어."

"응."

"아빠도 나는 정치가가 될 수 없다고 하셨지만, 그래도 정치에 관한 책들을 사 주셨어. 그래서 나는 내가 아무것도 할 수 없다는 생각은 한 번도 안 했어. 나는 불행하지 않고 내가 할 수 있는 일을 찾아서 잘 해낼 거야. 너에게 그날 새싹 이야기를 한 건 이 상황이 부당하다는 생각이 들어서였어. 정치가가 되지 못한다고 해서 정치에 대해 이야기할 수 없는 건 아니잖아?"

"알아. 그런데 나는 네가 시민이 되고 정치가가 됐으면 좋겠어. 그래서 너에게 내 새싹을 나눠 주고 싶다고 한 거야."

"근데 진아야. 새싹을 정말 나눠 줄 수 있는 건지, 그렇게 나눈다 해도 다른 사람들에게 인정받을 수 있는지 모르잖아. 만약에 잘못되어 네 새싹만 사라지면 나는 너무 슬플 거야."

아랑이는 진심으로 속상해했다. 신기하게도 그런 아랑이를 보자 진아는 용기가 생겼다. 진짜로 새싹을 나눌 수 있을 것 같았다.

"만약 이걸 나누는 바람에 나한테 새싹이 없어진다고 해도 괜찮아. 새싹이 없어도 우리는 소중한 존재니까. 새싹이 없다고 차별하는 건 잘못된 거니까 우리가 바꾸면 되지. 안 그래?"

진아는 머리 위에서 새싹을 뗐다. 그리고 아랑이가 채 말리기도 전에 재빨리 이파리를 둘로 나눴다. 둘 다 심장이 쿵쾅쿵쾅 뛰었다.

그런데 놀라운 일이 벌어졌다. 진아의 새싹은 둘로 나뉘었는데도 여전히 빛났다. 진아는 그걸 아랑이 머리 위로 올려 줬다. 이게 옳은 방법인지는 모른다. 아마 세상에서 진아가 처음 이것을 했을 테니까.

놀랍게도 아랑이의 머리에 새싹이 안정적으로 머물렀다. 이파리 하나가 빙그르르 도는 모습을 보는 진아의 얼굴에 환한 미소가 번졌다. 아랑이의 큰 눈에 눈물이 고였다. 진아는 아랑이의 손을 잡고 집으로 뛰어갔다. 이 소식을 빨리 어른들에게 알리고 싶었다. 뛰어가는 둘의 머리 위로 각각 하나의 이파리가 밝게 빛나고 있었다.

진아와 아랑이는 TV에 나왔다. 많은 사람들이 진아와 아랑이의 이야기에 관심을 기울였다. 점점 자신의 새싹을 나눠 주는 사람들이 늘기 시작했다. 새싹을 기증하는 사람도 나타났다.

이파리 하나인 새싹을 머리에 띄운 사람들이 점점 많아졌다. 하지만 이파리가 하나뿐인 새싹을 진짜 새싹으로 인정할지에 대해서는 여전히 논란이 많았다. 아랑이와 진아의 부모님은 '새싹과 관계없이 모든 사람들에게 시민권을 달라'고 요구했다.

"새싹이 없다고 시민이 아니라는 근거는 어디에 있는 걸까요? 진

아와 아랑이가 새싹을 나눌 수 있다는 것을 증명하기 전까지 왜 우리는 새싹이 없는 사람들을 위해 나서지 않은 걸까요? 우리는 다 같은 사람인 걸 어째서 인정하지 못했나요? 이건 잘못된 일입니다. 잘못된 게 있다면 바꿔야 합니다. 머리 위에 새싹이 생기면서 왕이 통치하는 계급 사회가 끝나고 평등한 세상이 왔습니다. 그렇게 우리는 나라의 주인이 되었습니다. 이번에는 새싹으로 누군가를 차별하지 않는 세상을 만들어 봅시다!"

전에 새싹이 없는 사람들이 이런 이야기를 했을 때, 그 목소리는 너무 작아서 무시당하기 일쑤였다. 하지만 더 많은 사람들이 새싹을 나누면서 '모두에게 시민권'을 주자는 이야기가 퍼져 나갔다.

국민 투표가 실시되었다. 새싹이 있는 사람도, 없는 사람도 모두 숨을 죽여 결과를 기다렸다. 투표 결과는 누구나 시민권을 가져야 한다는 찬성파의 압승이었다! 이제는 새싹 이파리가 두 개이건, 한 개이건, 아니면 없건 모두가 시민이었다. 모두 투표권도 갖게 됐다.

모든 사람들을 위한 결정을 내리는 건 현실적으로 거의 불가능할지도 모른다. 하지만 이제는 모두 알고 있다. 서로 배려하고 다른 사람들을 위해 자신이 가진 것을 나누려 할 때, 더 나은 세상을 만들 수 있다는 것을.

민주주의, 모두가 나라의 주인

만약 우리가 낸 의견이 무시된다면? 내 의견을 자유롭게 말할 권리와 누구나 평등하게 기회를 얻을 권리가 사라진다면? 법이 제멋대로 바뀌어서 어제는 가능했던 일이 오늘은 불가능해진다면? 그러면 아마 세상은 불공평하고 불합리해질 거야.

그럴 때 우리는 그런 세상을 바꾸기 위해 노력해. 우리 힘으로 세상을 변화시킬 수 있는 이유는 바로 우리가 나라의 주인이기 때문이야.

 민주주의, 너에 대해 알고 싶어!

옛날에는 왕이 나라의 모든 것을 좌지우지하는 '군주 국가'가 많았어. 물론 현대에도 자기 마음대로 나라를 흔드는 독재자들이 다스리는 나라가 있어. 이렇게 극히 일부의 사람이 나라를 다스리는 정치 형태를 '절대주의'라고 해. 절대주의 국가는 왕이나 독재자가 나라의 주인이야. 왕이나 독재자가 막강한 권한을 휘둘러서 법이 있어도 별 소용이 없지. 국민들은 군주의 지배를 받아.

그런데 '민주주의'는 '우리 모두가 나라의 주인'이야. 즉, 우리가 나라의 주인이 되어 나라를 다스리는 거지. 민주주의의 뜻은 민주주의의 어원을 보면 더 잘 알 수 있어. 민주주의(Democracy)는 고대 그리스어 Demos(민중, 일반 국민, 시민)와 Kratia(지배, 권력)를 합친 Democratia에서 온 말이야. 이렇게 민주주의는 '시민(민중)들이 나라를 지배하는 것'을 뜻해.

민주주의는 모든 사람이 동등하다는 '평등'을 내세워. 일반 국민들이 통치자가 되어 나라를 다스리는 정치 형태야. 국가에 대한 권리, 즉 '주권'이 일반 국민에게 있지. 그리고 법에 따라 나라를 운영해. 법을 만드는 권리는? 당연히 국민에게 있지.

현대 사회는 사람도 많고 무척 복잡해. 국민 모두가 직접 나라를 다스리기도 어렵고 법을 만들기도 어려워. 그래서 우리는 우리 대신 일할 대통령, 국회의원 같은 대표자를 뽑아. 대통령이 수장이 되어 나랏일을 할 정부를 만들어. 국회 의원들은 국회에 모여서 법률을 만들지. 이 대표자들은 우리 대신 국가를 운영하고 법을 만드는 일을 할 뿐이고 실질적으로 나라를 다스리는 주인은 '우리 모두'야.

세계의 많은 나라들이 스스로 민주주의 국가라고 해. 그런데 어떤 나라에는 대통령이 있고, 또 어떤 나라에는 대통령은 없고 수상이 대통령처럼 일해. 심지어 민주주의 국가라면서 아직 왕이 있는 나라도 있지. 하지만 이렇게 정부의 형태가 달라도 주권이 국민에게 있다면 모두 민주주의 국가야.

민주주의의 역사는 길고도 짧아!

민주주의는 기원전 5세기경 그리스 도시 국가 중 아테네에서 처음 시작되었어. 무려 2,500여 년 전에 민주주의가 생긴 거야. 다만 이때 정치에 참여할 수 있는 시민은 '아테네에 사는 성인 남자'뿐이었어. 시민들은 일하지 않고, 아테네라는 도시 공동체를 어떻게 지킬지 모여서 토론했어. 토론하면서 합의한 사안을 '법'이나 '규칙'으로 정했지. 그럼 일은 누가 했을까? 당시 아테네에는 노예 제도가 있어서 노예들이 온갖 일을 도맡아 했지.

성인 남성　　여성　　노예　　식민지 출신 외국인

'여성'도 정치에 참여하지 못했어. 당시 사람들은 여성은 생각할 능력이 없다고 봤거든. 여성들은 아이를 돌보고 집안일을 했지. 또한 식민지 출신 외국인도 정치에서 제외되었어.

시민들은 '클레로테리온'이라는 비석을 활용해 제비뽑기로 대표자를 추첨하거나 서로 돌아가면서 나라를 다스렸어. 클레로테리온은 오른쪽에는 자기 이름을 넣고, 왼쪽에는 흰 구슬과 검은 구슬을 넣는

클레로테리온(Kleroterion)

출처: Athen Stoa Wahlmaschine, Ancient Agora Museum in Athens
위키미디어 커먼즈

거야. 만약 흰 구슬이 자기 이름 앞에 오면 대표자가 되는 거지. 그날의 '운'에 맡기는 선거 방식이라서 특정인을 뽑는 술수를 쓰지 못해. 즉 누구나 공평하게 대표자가 될 수 있었어.

이렇게 고대 아테네에서 이룬 '직접 민주주의'는 특정한 일부 사람이 아니라 '평범한 모든 시민들이 나라를 다스릴 수 있다'는 민주주의 가치를 담고 있었어. 물론 여성이나 노예, 식민지 외국인들은 '시민'에서 뺐다는 명백한 한계가 있지만 말이야.

아테네는 몇 차례 내전이나 쿠데타 같은 위협에도 민주주의를 지켜 왔어. 하지만 기원전 27년 로마 제국이 나타나면서 아테네 민주주의는 결국 사라지고 말아.

이후 왕이나 황제가 권력을 잡거나, 적은 수의 귀족들이 정치를 했어. 민중이 다시 정치를 이끌게 되는 것은 꽤 나중의 일이야. 17세기 영국의 청교도 혁명과 명예 혁명, 18세기 프랑스 대혁명과 미국 독립 전쟁 등 시민 혁명들을 거치고 나서야 지금의 민주주의가 탄생했어.

따라서 우리가 아는 방식의 근대 민주주의(근대는 현대 바로 이전 약 1세기를 말해.) 역사는 길게 잡아도 3~4백 년을 넘지 않아. 물론 이것도 시민 혁명을 일으켜 민주주의가 일찍 시작된 나라들의 이야기야.

많은 나라들이 제2차 세계 대전 이후에 뒤늦게 민주주의를 받아들였어. 우리나라 역시 진정한 민주주의 역사는 짧아. 그래서 민주주의 역사는 길기도 하고 짧기도 하다는 거야.

자유와 평등, 인간의 존엄성을 지키는 두 가지 가치!

인간은 태어나면서부터 하늘이 내린 당연한 권리를 갖고 있어. 이걸 좀 어려운 말로 '천부인권 사상'이라고 말해. 18세기 미국 독립 선언서와 프랑스 시민 혁명에서 나온 말이야. '인간으로 태어났다는 이유만으로 그 어떤 조건 없이 존중받아야 한다'는 거지. '인간의 존엄성'을 지키지 않는다면 민주주의도 없어. 그래서 인간의 존엄성을 '민주주의의 이념'이라고 하지.

그렇다면 인간의 존엄성은 어떻게 보장받을 수 있는 걸까?

인간은 누구나 자유로울 권리가 있다!

여러분이 길을 가는데, 경찰이 다가와서 아무것도 묻지 않고 끌고 가. 그리고 감옥에 가두지. 여러분은 이유도 모르고 부모님도 못 만난 채 감옥에 갇혀 있어야 해. 상상만 해도 끔찍한 일이지?

다행히 우리나라를 비롯한 민주주의 국가에서는 이런 일이 원칙적으로 불가능해. 왜냐하면 여러분은 '자유로울 권리'가 있기 때문이야. 우리나라는 국민들이 헌법과 법률에 따라 국가의 간섭을 받지 않고 자유롭게 행동할 수 있거든. 그럼 자유란 정확하게 뭘까?

여러분은 아무런 이유 없이 부당하게 구속되거나 간섭받지 않고 자신이 원하는 대로 결정하고 행동할 수 있어. 진실을 말하기 위해 목숨을 걸지 않아도 돼. 내가 가고 싶은 곳에 갈 수 있고, 내 생각을 다른 사람의 눈치를 보지 않고 말할 수 있지.

이 모든 건 여러분이 자유롭기 때문에 가능해. 자유권은 민주주의가 발전하면서 가장 먼저 보장된 권리야. 자유는 인간의 존엄성을 지키기 위해 가장 기본이 되어야 할 가치이기 때문이지.

왕이나 귀족, 혹은 양반이 일반 사람들을 다스리던 시대에는 사람들이 자유롭게 가고 싶은 곳을 갈 수 없었어. 또, 하고 싶은 말도 제대로 말할 수 없었어. 왕이나 귀족, 혹은 양반만 존엄하고 귀중한 존재였거든. 나라를 다스리는 자들에 대해 불만을 토로하는 거나 불의를 말하는 것

자유롭게 말하고 가고 싶은 곳으로 가지~

도 어려웠어. 그런 것을 이야기했다가는 감옥에 갇히거나 죽음을 당했지. 그래서 자유권은 국가로부터 부당하게 침해받지 않을 '방어'의 의미도 있어.

▽ 인간은 누구나 평등하다!

민주주의는 모든 사람들이 동등하므로 모두 나라를 다스릴 권한이 있다고 말했지? 이렇게 인간이 동등하다는 생각은 어디서 나온 걸까? 바로 '평등' 사상에서 나온 거야. 부자인지 가난한지, 남자인지 여자인지, 혹은 피부색이 다른지, 장애가 있는지 여부와 상관없이 모든 사람들은 평등해. 그리고 인간이 평등한 이유는 바로 인간이라는 것만으로도 가치가 있고 존엄하기 때문이야. 결국 인간의 존엄성을 지키려면 자유와 함께 '평등' 역시 보장되어야만 한다는 것이지.

민주주의를 위해서는 이렇게 자유와 평등이 모두 필요해. 그런데 자유를 지나치게 보장하면 사람들은 자기들의 자유만 생각하게 돼.

"내가 하고 싶으니까 할 거야! 내 자유니까."라는 이유로 다른 사람에게 아무렇지도 않게 피해를 입힐 수 있지. 그러면 힘이 강한 사람들은 더 쉽게 힘을 휘둘러 원하는 것을 가지게 되고, 힘이 약한 사람들은 피해를 입고 더 약해질 수밖에 없어. 그렇다고 평등을 지나치게 보장하면 개인의 자유가 침해돼. 그래서 이 두 가지를 어떻게 하면 더 조화롭게 보장할 수 있을지 끊임없이 고민해야 해.

함께 토론해 보자!
자유와 평등이 서로 부딪힌다면?

우리나라는 2012년에 유통산업발전법을 고치면서 대형 마트의 영업시간이 줄어들었어. 매일 문을 열던 대형 마트들은 반드시 한 달에 두 번 쉬게 됐지. 대형 마트의 영업시간을 줄인 이유는 동네 가게들과 전통 시장을 위해서였어. 사람들이 편리한 대형 마트에서 주로 장을 봐서 동네 가게와 전통 시장은 장사가 잘되지 않았거든. 그래서 기업에서 운영하는 대형 마트만 잘되고 개개인이 운영하는 점포는 매우 형편이 어려워졌어.

대형 마트가 쉰다면 사람들이 동네 가게나 전통 시장에서 장을 볼 거야. 그러니 대형 마트의 영업시간을 줄이는 건 다 같이 잘사는 사회를 만들기 위한 선택이야. 하지만 대형 마트가 자유롭게 영업할 권리, 사람들이 대형 마트를 갈 권리를 침해하는 일이기도 해. 그래서 이 법은 많은 논란이 되어 왔어. 현재는 법을 폐지하거나 수정하려는 움직임도 있지.

민주주의 사회에서는 사람들의 자유와 평등이 보장되어야 해. 그런데 자유와 평등이 항상 함께할 수 있는 건 아니야. 전통 시장과 대형 마트가 평등하게 이익을 얻으려면, 대형 마트와 소비자들의 자유가 침해될 수밖에 없거든.

자유와 평등 사이를 조정하는 열쇠, '정의'

미국의 정치 철학자인 존 롤스는 자유와 평등보다 더 높은 개념인 '정의'를 만들어 자유와 평등 사이를 조정하려고 했어. 그는 정의란 두 가지 원칙을 지킬 때 가능해진다고 말했지.

제1원칙은 자유의 원칙이야. 인간의 자유가 그 무엇보다 중요하다는 거지.

정치 철학자 존 롤스
출처: 위키미디어 커먼스

범죄를 저질러서 다른 사람의 자유나 행복을 침해하지 않는 한, 인간의 자유는 언제 어디서든 보호받아야 해.

제2원칙은 기회 균등의 원칙과 차등의 원칙이야. 다시 말해, 모든 사람에게 동등하게 기회를 주되, 가난하고 힘없는 사람들에게는 좀 더 많은 혜택을 준다는 거야.

예를 들어 부유한 환경에서 자란 아이들보다는 가난하고 어려운 환경에서 힘들게 자란 아이들에게 대학 입시 혜택을 더 많이 주는 것처럼 말이야. 이러한 제도는 어떻게 보면 불평등해 보일 수도 있어. 하지만 롤스는 상황에 따라 약자를 더 도와 모두 평등하게 살 수 있도록 하는 제도는 '정의롭기' 때문에 인정해야 된다고 여겼어.

민주주의, 옳기만 한 걸까?

위대한 철학자로 불리는 소크라테스는 직접 민주주의를 펼치던 아테네에 살고 있었어. 그런데 소크라테스는 아테네의 직접 민주주의를 '중우 정치(바보들의 다수결로 이뤄지는 정치)'라며 비판했어.

"거대한 배를 모는 건 항해술을 제대로 배운 사람 하나여야 하오. 지금 아테네는 그럴 듯한 말로 포장만 잘하는 사람들 여럿이 같이 배를 몰고 있소."

소크라테스는 어리석은 사람들 여럿이 나라를 다스리는 민주주의보다는 철학자처럼 현명하고 정의로운 통치자가 나라를 지배하는 게 더 낫다고 본 거야. 사실 소크라테스의 말도 아주 틀린 말이 아냐. 아테네의 직접 민주주의에는 몇 가지 문제가 있었어. '도편 추방제'란 제도를 예로 들어 볼까?

이 도편 추방제는 모든 시민이 비밀 투표를 해서 독재자가 될 위험 인물을 10년간 나라 밖으로 추방하는 제도야. 취지는 좋지만 문제가 있었어. 사람들이 독재자가 될 만한 위험인물만 내쫓은 게 아니었거

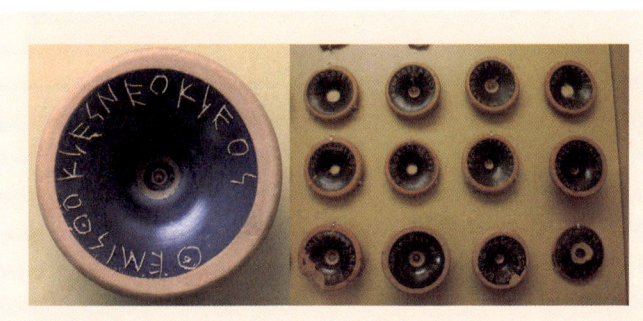

도편(ostraca)

든. 사람들은 이 제도를 이용해 싫어하는 사람, 혹은 정치적으로 위협이 되는 사람을 내쫓았어. 심지어 고작 14명이 191개의 도편을 작성하기도 했어. 그야말로 부정 투표의 원조인 셈이지.

이렇게 민주주의를 비판하던 소크라테스는 일반 시민 배심원들한테 재판을 받고 사형을 선고받았어. 이 판결 역시 사람들이 '여론'에 휘둘린 결과였지.

〈소크라테스의 죽음〉

자크 루이 다비드 그림, 1787년

민주주의는 사람들이 서로 다르다는 사실을 존중해. 이와 함께 모든 사람들이 자유롭게 선택할 권리가 있고 평등하다고 믿지. 민주주의에서 각 사람의 생각은 동등한 가치를 지녀. 그래서 민주주의 사회에서 다수결의 원칙을 따르는 거야. 전체 중 49%가 최악을 선택해도 51%가 항상 올바른 결정을 한다면 어찌 됐든 사회는 좋게 발전할 수 있지. 하지만 만약 51%가 최악의 선택을 하고 49%가 바른 선택을 한다면? 모든 게 엉망진창이 될 거야.

사실 민주주의는 무조건 옳은 게 아니야. 우리 사회의 문제들을 모두 해결할 수도 없어. 인류가 지금까지 만든 정치 형태 중에서 가장 합리적인 것뿐이지. 따라서 민주주의가 세상을 엉망진창으로 만드는 정치가 되지 않기 위해 어떻게 해야 할지 늘 고민해야 해.

이야기 둘

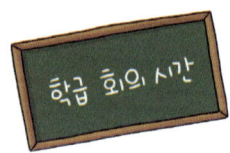

사총사! 아파트 쓰레기 문제를 해결하다!

"미야옹."

봄날의 오후, 배구공을 튕기며 걷던 가람이와 친구들은 발길을 멈췄다. 근처에서 작고 가냘픈 고양이 소리가 들려왔기 때문이다.

"너희도 들었어?"

가람이가 묻자 빛솔이랑 다솜, 라온이도 고개를 끄덕였다. 넷은 공을 내려놓고 숲길 옆을 살폈다. 하지만 아무것도 보이지 않았다.

"고양이 소리 맞았지?"

"응. 분명히 들었는데."

"냐옹."

빛솔이랑 다솜이가 이야기하는데 가람이가 갑자기 고양이 흉내를 냈다.

"뭐하는 거야?"

"내가 낸 소리를 듣고 나오지 않을까 해서."

가람이 말에 아이들은 웃음을 터뜨렸다.

"그럴 리가 있겠냐."

그 순간, 풀숲 사이로 고양이가 작은 발을 쑥 내밀었다. 넷은 서둘러 다가갔다. 하지만 고양이는 이미 날쌔게 사라진 뒤였다.

"에잇. 가 버렸네."

빛솔이가 풀이 죽어 중얼거리는데 가람이가 아이들을 붙잡았다.

"얘들아? 여기 좀 봐."

"왜? 헉. 이게 다 뭐야?"

길에서는 잘 보이지 않던 숲 안쪽에 누가 버린 건지 쓰레기들이 잔뜩 있었다. 흙이 묻은 빵 봉지부터 음료가 남아 있는 플라스틱 통. 과자 봉지에 남은 과자 부스러기를 들고 가는 개미들로 땅에는 검은 줄이 길게 나 있었다.

"와. 이거 정말 심한데."

"그러게. 청소하시는 분들이 이렇게 구석까지 치울 수는 없을 텐데, 이런 데 쓰레기를 버리면 어떻게 해."

넷은 길게 늘어선 개미 줄을 보다 쓰레기들을 주웠다. 그때 가람이가 말을 꺼냈다.

"있잖아. 우리가 구석에 버려진 쓰레기들을 치우는 건 어떨까?"

"뭐라고?"

"우리 환경 동아리잖아. 이제껏 했던 것처럼 대기질을 측정하고 학교 연못의 수질을 검사하는 것도 좋지만, 쓰레기를 치우는 활동도 좋을 거 같아. 물론 매일 하기는 어려우니까 한 달에 한 번씩 사람들을 모아서 숨은 쓰레기들을 줍는 거지."

아이들은 진지하게 생각에 잠겼다.

"아예 못 봤다면 모를까. 이렇게 엉망진창인 걸 보고 나니 지나치기가 어렵긴 해."

빛솔이가 말하자 다솜이도 말을 보탰다.

"그런데 사람들을 어떻게 모아?"

"아파트 단지에 포스터를 붙이는 건 어때? 어른들이 함께해 주시면 더 좋잖아."

"오! 좋다. 우선 포스터부터 만들까?"

아이들은 다솜이 집으로 가서 열심히 포스터를 만들었다. 다행히 다솜이 어머님께서 도와주셔서 멋진 포스터를 만들 수 있었다.

하지만 문제는 생각지도 못한 곳에서 터졌다. 아파트 관리 규정 때문에 포스터를 일주일만 붙이게 된 것이다. 다솜이가 투덜댔다.

"일주일 동안 사람들이 얼마나 보겠어. 우리가 청소하는 날은 2주 뒤인데. 분명히 다들 까먹을 거야."

하지만 정작 사람들이 까먹는 건 문제조차 되지 못했다. 포스터가 붙은 일주일 동안, 어른들은 아예 포스터를 보지도 않았다. 가람이랑 친구들이 엘리베이터를 탈 때마다 어른들이 포스터를 보는지 열심히 지켜봤지만, 대부분은 휴대폰만 보다 내렸다.

"어른들은 거의 안 나오실 것 같아. 그냥 다음 주 학급 회의 때 이야기해 보는 건 어때?"

한참 고민하던 다솜이 말에 아이들이 고개를 끄덕였다.

드디어 회의 날, 가람이는 발언권을 얻고 아이들에게 이야기했다.

"……그래서 말인데, 우리 반이 한 달에 한 번 아파트 단지에서 쓰레기들을 줍는 건 어떨까요?"

가람이가 말을 마치자 아이들은 작게 술렁였다.

"학교 청소도 아니고, 내 방 청소도 아니고, 아파트 단지를 청소한

다고?"

"그러게. 우리가 왜 해야 돼?"

"물론 일부러 시간을 내서 공공장소를 청소하는 것이 귀찮고 힘들 수 있습니다. 하지만 우리 반이 함께한다면, 우리가 사는 곳을 깨끗하게 만들 수 있을 거예요!"

가람이는 침착하게 말하려 애썼지만, 아이들이 전부 싫다고 할까 봐 목소리가 떨렸다. 다행히 빛솔이나 라온이, 다솜이가 먼저 동의하자 나머지 아이들도 동의를 외쳤다. 왠지 분위기에 휩쓸린 아이들도 있는 것 같아서 가람이는 말을 덧붙였다.

"학원이나 방과 후 수업을 듣는 친구들도 많이 있잖아요. 그러니까 시간이 안 될 때는 나오지 않아도 됩니다. 여러분에게 부담을 주고 싶지는 않습니다."

그러자 반장인 나래가 손을 들고 말했다.

"그래도 될 수 있으면 더 많은 사람들이 모이도록 최대한 많은

쓰레기 줍는 건 어떨까요?

사람이 나올 수 있는 날짜로 정하면 좋겠습니다."

"그럼, 여러분이 최대한 많이 나올 수 있는 날짜를 정하겠습니다. 시간이 되지 않으면 안 나와도 됩니다. 편하게 생각해 주세요."

아이들은 생각보다 적극적으로 참여했다. 그 결과, 둘째 주 목요일에 첫 청소를 하기로 했다. 담임 선생님께서도 언제든 도움이 필요하면 말하라고 응원해 주셨다.

첫 청소를 하는 날, 놀랍게도 가람이네 반 친구들은 한 명도 빠짐없이 다 나왔다.

"와. 우리 전부 다 나온 거야?"

나래가 놀라서 묻자 친구들도 놀라운 눈으로 서로 바라보았다. 한두 명 정도는 빠질 거라고 생각했는데 이렇게 전부 모이자 마치 체험학습에 가는 기분이었다.

"누가 시켰으면 하기 싫었을 텐데."

"맞아. 내 방 청소는 딱 질색인데, 이건 다 함께 하니까 재밌다."

아이들은 삼삼오오 모여서 구석진 풀숲에 버려진 쓰레기를 주웠다. 그러다 장지뱀이나 길고양이를 발견하며 즐거운 비명을 터뜨렸다.

한참 쓰레기를 줍고 난 뒤, 친구들은 분리 수거장으로 향했다. 아이들은 관리 사무소 사람들을 도와서 쓰레기를 분리했다.

"이것 좀 봐. 라면 용기에 아직 국물이 그대로 있는데, 플라스틱 수거함에 버렸어."

"윽. 냄새 지독하다."

"여기도 봐. 유리병은 뚜껑을 닫아서 버려야 유리가 안 깨져서 재활용할 수 있는데 뚜껑 없이 그냥 막 버렸어."

어른들은 분리수거를 당연히 잘할 거라고 생각했는데, 실제로는 전혀 아니었다. 단지를 청소하는 것보다 더 할 일이 많았다.

아이들은 투덜대면서도 쓰레기를 분리하는 일을 끝까지 도왔다. 관리 사무소 직원들이 아이들에게 기특하다며 음료수를 하나씩 나눠 주셨다. 밖으로 나오니 어느새 해가 뉘엿뉘엿 지고 있었다. 아이들은 친구들과 뜻깊은 일을 한 것이 자랑스러웠다.

"역시 우리는 최강 5반이야!"

누군가 소리치자 모두 웃음을 터뜨렸다.

매달 한 번씩 모여 청소를 하니까 어느새 길이나 숲에 숨어 있던 쓰레기들이 점차 사라졌다. 그렇게 아파트 단지를 청소한 지 넉 달이 지났다. 여름 방학을 앞둔 아주 더운 날, 가람이네 반 친구들은 대부분 나와 청소를 하고 있었다. 늘 묵묵하게 일하던 유용이가 갑자기 쓰레기를 줍다 말고 말했다.

"저기, 애들아. 우리 단지도 바로 앞인데, 왜 우리 단지는 안 치워?"

"어. 맞아. 나도 그게 좀 불만이야."

유용이의 말이 끝나자 세민이가 말을 보탰다. 가람이네 학교는 아파트 단지 두 개 사이에 있었다. 한쪽 단지만 계속 청소하니 다른 쪽 단지에 사는 아이들이 의아해할 만했다.

"사람이 너무 부족하잖아."

"맞아. 가끔 어른들이 도와주셔도 역부족이야. 보통 열일곱 명 정도 모이는데, 어떻게 단지 두 개를 다 청소하냐."

가람이랑 빛솔이의 말에 세민이 표정이 굳었다.

"그렇다고 너희 단지만 계속 청소하는 것도 웃기지 않아? 우리 단지도 지저분하다고."

"맞아. 달마다 번갈아 가면서 저쪽 단지도 하면 되잖아."

유용이가 질세라 말을 보탰다. 하지만 번갈아 가면서 하면 두 달에 한 번 청소하는 게 된다. 한 달에 한 번 하는 것도 매번 쓰레기가 많아 힘들었다. 가람이가 고민하다 말했다.

"그렇게 하면 어느 한 쪽도 청소를 제대로 마치지 못할 것 같아."

"그렇다고 계속 이 단지만 청소하는 건 불공평하잖아. 안 그래?"

날도 더워 아이들의 목소리가 사나워졌다. 모두 잠시 청소를 멈추었다. 그때 다솜이가 말을 꺼냈다.

"유용이나 세민이 말대로 여기만 청소하는 것도 문제인 것 같아. 만일 내가 저쪽 단지에 산다면 화날 거 같아. 그렇다고 우리끼리 두 단지를 다 청소할 수는 없고. 그래서 말인데, 다른 아이들도 참여하자고 하면 어떨까? 학교에 포스터를 붙여 홍보하는 거지."

"다른 아이들이 과연 청소를 하겠다고 시간을 낼까?"

빛솔이의 말에 라온이가 나섰다.

"나는 다솜이 의견 좋은데. 사실 전부터 생각했던 건데, 우리가 이렇게 아파트 단지를 청소하고 분리수거 하는 걸 캠페인 활동으로 해서 학교에 건의해 보는 게 어떨까? 정식으로 동아리로 등록하면 예산을 받을 수 있어서 도움도 될 거야."

라온이 말에 아이들은 눈이 휘둥그레졌다.

"정식 동아리로 등록하자고?"

"응. 청소 동아리로 만드는 거지. 우리가 사는 곳을 청소한다는 게 엄청나게 대단한 일은 아니지만, 당장 할 수 있는 일이잖아. 우리가 탄소 배출을 눈에 띄게 줄이거나 플라스틱을 못 만들게 할 수는 없으니까. 지금 활동이야말로 지원받을 가치가 충분하다고 생각해."

라온이의 말이 일리 있게 들렸다. 아이들은 신이 나서 맞장구를 쳤

다. 라온이는 아이들이 좋아하자 덩달아 신나 의견을 꺼냈다.

"동아리가 되어 예산을 받으면, 그걸 가지고 동영상을 만들어서 우리 동네의 환경 문제에 대해 우리 학교 학생들과 토론하는 거지. 청소에 참여하는 아이들에게 스티커나 배지를 만들어서 나눠 줘도 좋을 거 같아. 그게 또 다른 쓰레기가 될 것 같다면 가끔 모여서 과자 파티를 해도 괜찮고. 어때?"

아이들은 눈을 빛내며 의견들을 내놓았다.

"와. 라온이 의견 좋다! 정식 동아리로 인정받으면 아파트 관리 사무소에다 홍보해 달라고 더 말할 수 있을 거야."

"아파트 주민들에게도 참여해 달라고 캠페인을 할 수 있을 거고."

유용이랑 세민이 말에 다솜이가 반대 의견을 냈다.

"근데 나는 단지에 포스터 붙이는 건 별로야."

"맞아. 정말 효과가 하나도 없었어. 오죽하면 우리가 반에 도움을 청했겠어."

빛솔이도 맞장구치자 세민이가 말했다.

"그래도 한 번만 더 해 보자. 관리 사무소 분들께 청소 날과 전날에 방송도 해 달라고 부탁해 보자."

"좋아!!"

아이들의 얼굴에 웃음이 피어났다. 불만을 토로한 유용이랑 세민이도, 새로운 의견을 낸 라온이도 활짝 미소를 지었다.

청소 동아리로 등록하는 일은 일사천리로 진행됐다. 다행히 학교에서 예산도 받았다.

여름 방학이 끝나고 2학기가 시작되자마자 가람이네 청소 동아리는 새로운 회원들을 모집하는 행사를 열었다. 도서관 앞에 있는 커다란

TV에는 방송 반 친구들의 도움을 받아 만든 홍보 동영상이 나왔다.

📢 우리가 당장 기후 위기를 멈출 수는 없습니다. 하지만 우리는 우리가 사는 아파트 단지들을 깨끗하게 하고 분리수거를 제대로 할 수 있습니다. 시작은 별거 아니어도, 결과는 엄청나게 달라질 거예요. 한 사람 한 사람이 모여서 더 많은 사람들이 함께한다면 우리의 환경을 지킬 수 있을 거예요!

가람이네 반 친구들은 동영상과 포스터를 보고 청소 참가 신청서를 낸 친구들에게 천연 수세미랑 대나무 칫솔 중 하나를 선물했다. 사실 사은품을 결정하면서 치열한 토론을 거쳤다. 아이들이 좋아할 만한 스티커나 배지 등을 나누자는 의견, 과자 파티를 하자는 의견도 나왔다. 하지만 친환경적인 제품을 사는 걸로 결론을 냈다. 환경을 위한 청소 동아리이니 쓰레기가 나오지 않는 사은품이 좋겠다고 한 것이다. 그런데 의외로 아이들의 관심이 폭발적이었다.

"벌써 54명이 신청했어. 이 정도면 두 단지를 충분히 청소할 수 있을 것 같다!"

"진짜? 잘됐다!"

아이들은 들뜬 얼굴로 이야기를 나눴다.

"환경에 관심이 있는 애들이 이렇게까지 많을 줄 몰랐어."

"나도."

청소 동아리가 되고 나서 아이들의 활동은 더욱 활발해졌다. 매월 둘째 주 목요일이 되면 학교를 두고 마주 보는 두 아파트 단지에 우리 학교 아이들이 모였다. 모두 집에서 가져온 쓰레기봉투와 집게를 들고 단지 구석구석을 다니며 쓰레기들을 주웠다. 반려동물과 산책하던 사람들이나 아이들의 활동을 눈여겨보던 어른들도 청소를 도왔다.

분리 수거장의 풍경도 달라졌다. 더러운 플라스틱 그릇을 그대로 내놓는 일은 거의 없어졌다. 사람들이 참여하는 것이 눈에 보이자 아이들은 정말 뿌듯했다. 무엇보다 자기들이 스스로, 그것도 다 같이 의견을 모아 해낸 일이라 더 좋았다.

"이제 우리가 사는 곳에 쓰레기들을 함부로 버리는 일은 없겠지?"

가람이의 말에 아이들 모두 힘차게 고개를 끄덕였다.

정치, 다스린다는 게 뭘까?

"대한민국은 민주 공화국이다."

우리나라 헌법 제1조는 이 말로 시작해. 맞아. 우리나라는 '민주 공화국'이야. 민주주의 국가는 국민들이 나라의 주인이라고 했어. 그렇다면 공화국은 무엇일까?

공화국은 국민에게 나라에 대한 권리인 '주권'이 있고 국민이 뽑은 대표자가 국민들의 이익과 권리를 위해 나라를 운영해. 그중에서 주권이 일부 국민이 아니라 '전체 국민들에게 있는 정치 체제'를 '민주 공화국'이라고 하지. 그러니까 헌법 제1조는 '우리나라는 우리나라에 사는 모든 사람들이 나라의 주인이고 우리가 스스로를 다스리는 국가'라는 얘기야. 그런데 여기서 '다스린다'는 말은 무엇을 뜻하는 걸까?

 **직접 참여하고 직접 변화시키자**

우리가 다니는 학교를 떠올려 보자. 같은 반에 30명 안팎의 친구들이 있어. 그렇다 보니 친구들과 의견이 달라 다투는 일이 자주 있지. 그런데 5천만 명이 넘는 대한민국 사람들이 모두 모인다면 어떻게 될까? 엄청나게 많은 다툼과 의견 충돌이 일어나겠지?

많은 사람들이 모여 사는 사회에서 서로 의견이 다른 건 당연한 일이야. 갈등도 당연히 일어나. '다스린다는 것', 즉 '정치'는 이렇게 갈등이나 다툼이 있을 때 생각이 다른 사람들과 대화를 나눠 서로 의견을 맞춰 나가는 거야.

또한 '정치(政治)'는 바르지 못한 것을 바로잡는 일이야. 즉, 정치는 누군가를 '지배'하는 것이 아니라 문제가 생겼을 때 일을 바르게 '조정'하는 일이지. 이렇게 갈등을 조정하고 관리하는 일을 영어로 'Govern'이라고 해. '정부'를 영어로 'Government'라고 하는데, 왜 정부(Government)가 사람들을 지배하는 곳이 아니라 다양한 갈등을 조율하는 곳인지 알겠지? 이렇게 갈등을 조정하는 과정을 '우리 스스로 해 나가는 것'이 바로 '민주주의 정치'인 거지.

그럼 우리는 정치를 하기 위해 무엇을 할 수 있을까?

첫째, 우리의 일뿐 아니라 사회 전반에 관심을 가져야 해. 동네의 일부터 시작해서 우리 지역, 더 나아가 나라의 일이 어떻게 되어 가는지 늘 관심을 가져야 해.

둘째, 문제가 있을 때 대화와 토론을 해서 적극적으로 해결해야 해. 우리 지역, 혹은 우리나라에 어떤 문제가 생겼을 때 적극적으로 대화해서 더 좋은 의견들을 만들어 내는 거지.

우리나라는 선거를 치러 대의 민주주의를 펼치는 나라이긴 해도 국민투표제도, 주민투표제도, 주민 공청회와 같이 우리가 직접 의사를 밝힐 수 있는 직접 민주주의 제도들도 있어. 국민투표제도는 우리나라 최고법인 헌법을 고치거나 외교·국방·통일 등 나라에 중요한 일을 정할 때 국민이 직접 투표하는 걸 말해. 주민투표제도는 우리가 사는 지역인 지방 자치 단체의 중요한 일을 지역 주민이 직접 투표해서 결정하는 제도지. 주민 공청회는 우리가 사는 고장에 무슨 일이 생겼을 때 문제를 해결하기 위해 함께 지혜를 모으는 일을 말해. 국민 투표나 주민 투표가 있을 때 꼭 투표를 하고, 공청회에 참여해서 많은 사람들과 토론을 하는 것도 바로 훌륭한 정치 행위야.

==셋째, 직접 정치에 참여하는 거야.== 정치 행위는 꼭 정치인이 되어야만 할 수 있는 게 아니야. 우리가 사는 세상은 모두 정치와 관련 있거든. 보도블록이 부서졌을 때나 도로에 물건들이 위험하게 널려 있을 때 다른 사람들이 다치지 않도록 가까운 행정 기관에 알리는 것들도 정치 행위야.

또 정치적인 사안에 대해 자신의 의견이나 올바른 민주주의에 대해 말하는 것도 정치 행위지. 더 나은 사회를 위해 시위를 하는 것도, 사회 도처에 있는 문제에 대해 정부에 자기 의사를 표현하는 것도 모두 정치 행위야.

'대의 민주주의', 우리 모두를 대신해 일할 사람을 뽑자!

현대 사회는 너무 거대하고 복잡해서 모든 사람들의 이야기를 듣고 해결 방안을 찾으려면 아주 오랜 시간과 노력이 들어. 그 해결 방안을 찾는 사이에 아마 또 다른 문제들이 생겨나겠지. 결국 아무것도 해결하지 못할지도 몰라.

그래서 사람들은 전문적인 능력을 갖춘 몇몇 사람들이 나라를 운영해야 한다고 생각했어. 특별한 자격을 갖춘 소수의 사람들이 아주 많은 보통 사람을 대신해 정치를 맡게 된 거지. 그래서 현대 민주주의는 우리 대신 일할 사람을 뽑아서 정치를 해. 그래서 간접 민주주의, 혹은 '대의 민주주의'라고 해.

그런데 대의 민주주의는 문제점이 있어. 자칫 잘못하면 우리가 정치의 주체가 아니라 그저 '구경꾼' 신세가 될 수 있다는 거야. 보통 사람들은 평소 얼마나 정치 활동에 참여할까? 대부분 몇 년 만에 한 번씩 선거에서 투표하는 것이 전부야. 문제는 그 투표조차 하지 않는 사람들이 30%가 넘는다는 거지. 그래서 어느 국가건 현대 민주주의 사회에서 선거는 대개 일부 정치가들의 경쟁 무대가 되어 버렸어.

　일부 사람들만 계속 정치를 하고 보통 사람들이 정치에 무관심해질 경우, 대의 민주주의는 더 이상 올바른 민주주의가 아니야. 그렇다고 복잡한 현대 사회에서 그리스 아테네처럼 직접 민주주의를 하는 건 불가능해. 그래서 투표라도 꼭 해야 해. 투표는 우리가 할 수 있는 가장 쉬운 정치 행위거든. 특히 우리가 현재 살고 있는 고장을 대표하는 시장, 도지사, 시의원, 도의원, 구의원 등을 우리 손으로 뽑는 것이 중요해.

　1995년 이전에는 시장, 도지사 등을 정부에서 뽑았어. 그런데 이제는 우리가 스스로 우리를 대신해 일할 사람들을 뽑아. 바로 '지방 자치 제도' 덕분이야.

지방 자치란 바로 우리 스스로 지역의 사무를 처리한다는 거야. 지방 자치 제도는 한 사람에게 권력이 집중되는 것을 막고, 인권을 보호하며, 특히 민주주의의 교육장으로서 꼭 필요해.

아울러 지방 자치 제도는 우리가 직접 살고 있는 동네와 도시에 대한 관심을 높이기 때문에 대의 민주주의 사회에서 우리가 구경꾼이 되지 않도록 도와줘. 그래서 풀뿌리 민주주의라고도 해. '풀뿌리 민주주의'는 평범한 우리가 지역 공동체의 살림살이에 스스로 참여하게 만들어. 대의 민주주의의 단점을 극복하고 직접 민주주의를 실현한다는 뜻이지.

올바른 정치를 위해 헌법은 우리 힘으로!

나라를 운영하는 데 필요한 기본 원리와 국민의 인권을 담은 법을 '헌법'이라고 해. 헌법은 우리나라에 있는 법 중 가장 지위가 높아. 그래서 헌법에 어긋나는 내용으로는 법을 만들 수 없어.

헌법에 따라 국민은 자신의 대표자인 국회 의원을 직접 뽑아. 그 국회 의원들이 모여 법을 만드는 의회를 만들어. 의회에서 국회 의원들은 국민들에게 쓸모 있는 법을 만들기 위해서 '법률안(어떤 법을 만들겠다는 계획)'을 내지. 이 법률안을 다른 국회 의원들이 동의하면 법이 새로 만들어져.

그런데 국회 의원들이 함부로 바꾸거나 만들 수 없는 법이 있어. 바로 우리나라 최고법인 '헌법'이야. 헌법에 들어가는 조항을 새로 만들거나 바꾸려면 반드시 국민 투표를 해야 해. 왜냐하면 헌법은 민주주의 국가에서 나라를 다스리고 분쟁을 해결하는 기본을 담고 있기 때문이야. 민주주의 사회에서 근본적으로 정치는 '국민'들이 하는 거니까, 헌법은 국민만이 새로 만들거나 바꿀 수 있는 거야.

이렇게 국민들이 함께해서 만든 헌법에 따라 국가를 운영해야 한다는 생각을 '입헌주의'라고 해. 권력을 가진 사람은 그 힘을 함부로 휘두르게 되기 쉬워. 그래서 헌법을 정하고 일부 사람들이 제멋대로 권력을 휘두르지 못하게 하는 거지.

오늘날 민주주의 사회에서 헌법은 매우 중요한 역할을 해. 국민이 뽑은 대표자가 국민의 의사에 반하는 행동을 하면 국민들은 헌법의 정신을 따져 항의하거나 대표자를 몰아낼 수 있어.

 **우리도 정치를 하고 싶어요!**

　우리나라 헌법에서는 국민의 권리를 보장해. 여기에는 총 다섯 가지 권리가 있어. 누구나 법 앞에서 평등하고 성별, 종교, 신분과 권위 등으로 차별받지 않을 '평등권', 개인이 국가의 간섭을 받지 않고 자유롭게 행동할 수 있는 '자유권', 개인이 적극적으로 국가에 자신의 권리와 이익을 보장하라고 요구할 수 있는 '청구권', 인간다운 생활을 보장받을 권리인 '사회권'과 정치에 참여할 수 있는 권리인 '참정

권'이지.

헌법에는 권리뿐 아니라 우리가 지켜야 하는 의무도 정하고 있어. 어떤 의무가 있는지 살펴볼까? 대한민국 국민이라면 세금을 내야 해. 나라를 지키기 위해 군대도 가야 해. 일도 열심히 하고, 모든 아이들이 공부를 할 수 있게 꼭 학교도 보내 줘야 해. 이렇게 우리는 납세와 국방의 의무, 근로의 의무와 교육의 의무를 지고 있어.

그런데 이 모든 권리와 의무 중에서 어린이, 청소년들에게도 참정권을 주어야 한다는 주장이 나오고 있어. 참정권은 국민이 '정'치에 '참'여할 수 있는 권리를 말해. 헌법에서 보장된 권리이므로, 우리는 나라에서 정책을 만들 때 직접 참여할 수 있어. 또 대통령, 국회의원, 시장이나 도지사 등 나라를 운영하는 사람을 뽑는 선거에서 투표할 수 있어(이런 걸 '선거권'이라고 해). 그뿐만이 아니라 일정 나이가 되면 직접 선거에 후보자로 나갈 수도 있어(이런 걸 '피선거권'이라고 해).

현재 우리나라에서 선거권이 있는 자, 즉 유권자는 만 18세 이상인 국민들이야. 만 18세가 되지 않으면 투표를 할 수 없어. 실질적인 참정권이 없지. 그렇다면 어린이들과 청소년들은 민주 사회에서 정치에 참여할 수 없는 걸까?

그건 아니야. 학급 임원 선거와 학급 회의 등 학교 일에 열심히 참여하는 것도 정치 행위야. 더 나은 세상을 만들기 위해 노력하는 것도 정치 행위지. 그러니까 여러분이 지금 할 수 있는 일들을 찾아보자. 예를 들어 필리핀과 미국의 청소년들은 미래 세대의 환경권을 보장받기 위해 국가를 상대로 집단 소송을 걸기도 했어.

함께 토론해 보자!

청소년에게도 참정권을!

2019년 12월 27일, 국회에서 공직 선거법 개정안이 통과되면서 선거 연령이 만 18세가 되었어. 그전에는 만 19세까지만 참정권이 있었거든.

사실 만 18세가 해내는 의무가 아주 많아. 만 18세가 되면 공무원법에 따라 공무원으로 일할 수 있어. 근로의 의무를 질 수 있지. 또 부모 혹은 보호자의 동의가 있다면 결혼도 할 수 있어. 일할 수 있으니 세금을 내는 납세의 의무도 지지. 병역의 의무도 있어.

이처럼 만 18세의 경우, 의무는 많은데 기본 권리인 참정권만 인정되지 않았던 거야. 그래서 법을 개정해서 만 18세들도 참정권을 얻게 됐지.

그런데 이것도 부족하다고 생각하는 사람들이 많아. 오스트리아와 독일 일부 주에서는 만 16세 이상에게 선거권을 주고 있어.

우리나라 역시 더 많은 청소년들이 참정권을 행사할 수 있어야 한다고 이야기하는 사람이 많아. 여러분의 생각은 어때?

이야기 셋

누구를 뽑아야 할까?

"여러분. 다음 주에는 반장 선거가 있습니다. 반장이 되길 원하는 친구들은 공약을 생각해 보고 후보로 나와 주세요. 선거 운동 기간은 일주일입니다."

담임 선생님 말에 민주의 가슴은 세차게 두근거렸다. 민주는 4학년이 되기를 손꼽아 기다렸다. 민주가 다니는 봄봄 초등학교는 4학년이 되어야 반장 선거를 하기 때문이었다.

"후보로 나오고 싶은 친구는 손을 들어 볼까요?"

민주가 번쩍 손을 들었다. 세나와 주용이도 손을 들었다. 선생님은 셋의 이름을 반장 선거 후보란에 적었다. 그 아래 '선거관리 위원'이라는 항목도 적었다. 아이들은 웅성거렸다.

"저건 무슨 뜻이지? 위원이 뭐야?"

"실제 선거를 할 때 '중앙선거관리위원회'라는 기관에서 선거가 공정하게 치러질 수 있도록 관리해요. 그래서 우리 반도 선거를 제대로 치를 수 있도록 관리하는 역할을 오늘 뽑을 거예요. 선거관리 위원이 된 친구는 두 가지 일을 해요. 첫째, 모두 투표에 참여할 수 있도록 선거를 홍보하고요. 둘째, 세 후보들이 공정하게 선거 운동을 하도록 도와요. 혹시 선거관리 위원을 하고 싶은 친구가 있나요?"

세 명이 손을 들어서 모두 선거관리 위원이 되기로 했다.

"선생님. 선거관리 위원도 투표를 할 수 있나요?"

세나가 묻자 선생님이 웃으며 답하셨다.

"물론이죠. 투표는 모두 공평하게 한 표씩 행사할 수 있어요. 실제 중앙선거관리위원회의 공무원들도 투표를 한답니다. 선거 날에 투표를 못해도 사전 투표로 할 수 있으니까요. 그럼, 선거관리 위원들은 우리 반이 즐겁고 공정한 선거를 치를 수 있도록 애써 주세요."

그날 민주는 집에 오자마자 다이어리를 꺼냈다. 다이어리에 예쁜 스티커를 잔뜩 붙인 뒤 '반장 선거 공약'이라고 크게 적었다.

'반 아이들에게 꼭 필요한 공약이면 좋겠는데.'

민주는 스마트폰을 들고 '반장 선거 공약'을 검색했다. 곧 눈에 띄는 글을 찾았다.

"반 아이들에게 필요한 게 뭔지 직접 물어본다고? 이거 진짜 좋은 생각인데?"

다음 날 민주는 등교하자마자 친구들에게 다가갔다.

"얘들아, 혹시 교실에 이런 게 있으면 좋겠다고 생각한 거 있니?"

"아. 민주 너 공약 때문에 그래?"

민주가 고개를 끄덕이자 친구들은 곰곰 생각하다 말했다.

"나 가끔 우산이나 실내화를 놓고 오는데, 아예 교실에 있으면 좋겠다고 생각했어."

"맞아! 특히 우산. 갑자기 비 오면 우산이 없어서 비를 맞고 가거든. 아무리 집이 가까워도 비 맞는 건 싫어."

"근데 민주가 우산이나 실내화를 자기 돈으로 사서 교실에 둘 수는 없잖아. 그런 공약은 어렵지 않겠어?"

친구의 말에 민주도 생각에 잠겼다. 우산과 실내화를 교실에 놓는 건 꽤 좋은 생각 같았다. 하지만 반장이 되어 사비로 뭔가를 사겠다고 공약하는 것은 어쩐지 좋지 않은 것 같다.

"음. 우산은 몰라도 실내화는 갑자기 작아지거나 언니 오빠들이 신다 만 것들을 구할 수 있지 않을까? 그런 걸 학기 초에 기증받으면 재활용되니까 환경에도 좋을 거야."

하랑이가 이야기하자 민주의 눈이 반짝였다.

"오! 좋은 생각이야. 게다가 우산도 실내화처럼 집에 남는 게 있을 거야. 우리 집에도 사은품으로 받은 우산이 있거든! 우산이랑 실내화를 기증받아서 교실에 두는 걸로 공약을 정해 볼까?"

민주의 말에 애들이 좋다고 맞장구를 쳤다. 민주는 자리로 돌아와 다이어리에다 방금 한 이야기들을 적었다.

⭐ 안 쓰는 실내화와 우산을 기증받아서 교실에 놓는다. 그래서 실내화나 우산을 못 챙긴 친구들이 필요할 때 쓰고 반납하게 한다.

그때 세나가 민주에게 다가왔다. 민주는 자신도 모르게 다이어리를 확 덮었다. 그 모습에 세나의 눈매가 뾰족해졌다.

"뭐야? 왜 감춰?"

세나가 퉁명스럽게 묻자 민주 역시 마음이 불편해졌다. 세나와 민주는 아파트의 위아래 집에 살면서 유치원 때부터 알고 지낸 친구다. 주용이 역시 작년부터 같은 동에 살아서 셋은 함께 곧잘 놀았다.

하지만 지금 민주에게 세나와 주용이는 라이벌로 느껴졌다. 민주가 뭐라고 둘러대려는데, 세나가 휙 그냥 가 버렸다.

"뭐야……."

찬바람이 쌩하게 부는 세나의 뒷모습에 민주도 입을 삐죽였다.

이윽고 선생님이 들어오셨다.

"여러분. 오늘은 반장 후보들의 공약을 들어 볼 거예요. 김세나, 서민주, 오주용은 나와서 공약을 발표해 볼까요?"

선생님의 말씀에 민주와 세나, 주용이가 교실 앞으로 나갔다. 아이들이 초롱초롱한 눈으로 자신을 바라보자, 민주는 손에 땀이 났다.

제일 먼저 세나가 발표를 했다.

"안녕하세요. 반장 후보 김세나입니다!"

세나는 밝게 웃으며 힘차게 인사를 했다. 제일 처음 발표하는 거라서 더 떨릴 텐데 세나는 당당하기만 했다.

"우리는 이제 4학년입니다. 4학년은 초등학교 생활 중에서 가장 중요한 학년입니다. 갑자기 모든 과목이 어려워지거든요. 저는 우리 반을 쉽고 재밌게 공부할 수 있는 반으로 만들고 싶습니다. 제가 반장이 된다면, 교과서에 나오는 책들을 미리 도서관에서 빌려서 교실에 둘 것입니다. 저는 도서 부원이기 때문에 이 공약을 꼭 지킬 수 있습니다. 저를 뽑아 주신다면, 여러분이 수업에 필요한 책을 빌리기 위해 다른 반 아이들처럼 도서관을 드나들거나 기다리지 않아도 될 것입니다. 책을 교실에 가져다 놔서 바로 볼 수 있게 하겠습니다. 김세나를 잊지 않고 뽑아 주세요!"

민주는 감탄하며 세나를 바라보았다. 공부를 잘하는 세나는 공약조차도 몹시 똑똑해 보였다.

'하필 세나 다음이라니.'

민주는 살짝 의기소침해졌다. 하지만 아까 함께 공약을 고민했던 친구들이 엄지손가락을 척 들어 주었다. 그러자 거짓말처럼 힘이 났다.

"안녕하세요! 서민주입니다. 여러분은 갑자기 비가 내렸을 때 어떠셨나요? 깜빡하고 실내화 주머니를 챙기지 못했을 때는요? 어쩌다가 그런 상황이 닥치면 당황스럽기만 합니다. 그래서 저는 우리 반에 예비 우산과 실내화를 두려고 합니다. 제가 제 돈으로 우산과 실내화를 사겠다는 것은 아니고요. 여러분께 집에 남는 실내화와 우산을 기증받아서 두려고 합니다. 물론 저도 안 쓰는 실내화와 우산을 기증할 거고요. 환경에도 좋고, 여러분께도 좋고 일석이조라고 생각해요. 앞으로도 여러분을 위해 열심히 하는 서민주가 되겠습니다. 감사합니다!"

아이들은 이번에도 힘차게 박수를 쳐주었다.

마지막으로 주용이가 나섰다.

"안녕하세요. 오주용입니다. 저는 공부도 중요하지만, 일단 우리 초등학생은 신나게 잘 놀아야 한다고 생각합니다. 그래서 저는 반장이 된다면, 쉬는 시간마다 즐겁고 신나게 축구를 할 수 있게 교실에 축구공을 둘 생각입니다. 행복한 우리 반이 될 수 있게 저, 오주용을 꼭 뽑아 주세요! 아. 그리고 제가 당선되면 꼭 반 전체에 아이스크림을 하나씩 쏘겠습니다."

주용이가 공약을 발표하자 남자아이들이 환호를 내질렀다. 축구와 아이스크림이라니, 다들 들뜰 수밖에 없었다. 분위기가 어수선해졌지만, 선생님은 아무 말씀이 없으셨다.

세나와 민주는 주용이가 반장이 되기 위해 아이스크림을 사겠다고 하는 게 기분 나빴다.

'분명 아이스크림을 산다는 건 뇌물일 텐데, 선생님께서는 왜 가만히 계시는 걸까?'

더 기분이 나빠진 민주는 세나를 바라보았다. 세나 역시 같은 마음인지 민주에게 눈빛을 보냈다.

쉬는 시간이 되자마자 민주와 세나는 주용이에게 다가갔다. 반장 후보자 셋이 모이자, 선거관리 위원 친구들도 이쪽을 바라보았다.

"오주용. 아이스크림을 사겠다니! 너무한 거 아냐?"

세나가 먼저 주용이에게 따졌다.

"아이스크림이 왜? 너도 억울하면 뭔가 사겠다고 해."

"억울한 게 아니라. 생각해 봐. 그게 뇌물이랑 뭐가 달라?"

"아이스크림이 왜 뇌물이냐? 우리 반 애들이 기껏해야 20명인데, 얼마나 쓴다고."

"돈을 얼마를 쓰는지가 중요한 게 아냐."

주용이의 말을 듣던 민주가 끼어들었다.

"아이스크림을 산다는 건 결국 표를 사겠다는 거랑 마찬가지야."

"아. 됐어. 너도 똑같잖아. 집에 남아도는 우산이나 실내화를 갖다 놓는다고 했지만, 정말 남는 거 가지고 올 거야? 너도 우산이나 실내화 사는 데 돈 쓸 거잖아."

"나는 정말 남아도는 거 갖다 놓을 거거든. 기증받을 거라고."

침착하게 말하던 민주가 흥분하자, 주용이가 콧방귀를 뀌었다.

"세나 너도. 모두 공부에 관심이 있는 게 아냐. 그리고 네가 도서 위원이라고 도서관 책들을 맘대로 우리 교실에 갖다 놓는다는 게 말이 되냐? 그럼 너도 나와 다를 게 없어. 나는 돈을 쓰겠다는 거고 너는 네 지위를 쓰겠다는 거잖아."

"뭐라고? 너 말 다했어?"

세나의 표정이 험악해지자 선거관리 위원 친구들이 다가왔다.

"세나야. 진정해."

하지만 세나는 화를 참을 수 없었다.

"오주용. 대놓고 아이스크림을 사서 표를 얻겠다는 너랑 내가 어떻게 같아?"

"다를 게 뭐야. 너도 나도 각자 가진 장점들을 쓰겠다는 건데. 너희 둘이 짜고 지금 나한테 따지면 내가 '아. 미안해. 난 그럼 반장 안 할게.' 이럴 줄 알았어? 너희 나랑 친구잖아. 어떻게 둘이서 나한테 그럴 수 있어!"

주용이도 화가 많이 났는지 발소리를 쿵쿵대며 밖으로 나가 버렸다. 교실 분위기는 말도 못하게 가라앉았다.

"와. 이 분위기 어쩔 거야."

뒤에서 속닥거리는 소리가 들렸다. 그제야 세나랑 민주는 아이들이 지켜보고 있다는 걸 알고 부끄러워졌다. 선거관리 위원 중 한 명이 주용이를 따라 가고, 나머지 둘이 세나와 민주에게 다가왔다.

"너희가 좀 심했어."

"……."

선거관리 위원인 예린이가 말하자 민주도 풀이 죽었다. 반장이 너무 하고 싶었지만, 그렇다고 친한 친구와 싸우고 싶었던 건 아니다. 세나의 표정도 좋지 않았다.

다음 날, 학교에 일찍 온 아이들 몇 명이 모여 반장 선거 이야기를 했다. 마침 예린이도 일찍 와서 아이들이 하는 이야기들을 놓치지 않으려고 귀를 쫑긋 세웠다.

"어제 세나랑 민주가 좀 너무했던 거 같아."

"맞아. 주용이 불쌍하더라."

"나는 세나랑 민주 말도 맞는 거 같아. 다들 아이스크림에 정신이 팔렸잖아."

그러자 축구를 좋아하는 친구 몇 명이 주용이를 두둔하고 나섰다.

"근데 난 주용이 공약 좋아. 축구공을 교실에 두는 거 찬성!"

"어. 그건 나도 찬성. 아이스크림은 우리가 안 먹겠다고 하면 되지 않을까?"

"나는 민주 공약이 마음에 들었어. 민주는 우리에게 먼저 어떤 게 필요한지 물어봤거든. 사실 반장이라고 혼자 모든 걸 결정할 수는 없잖아. 모두의 의견을 잘 듣고 그걸 공약으로 활용한 게 좋더라."

하랑이가 말하자 이번에는 채헌이가 입을 열었다.

"세나랑 민주, 주용이 모두 친하지 않아? 반장 선거 때문에 셋이 저러니까 솔직히 나는 다 싫어. 아무도 안 찍고 싶어. 예린아. 투표를 포기해도 되지?"

예린이는 선거관리 위원이 됐을 때 선생님께서 당부하신 말이 떠올랐다. 투표를 포기할 수 있지만 그러면 그 표는 죽은 표, 즉 사표가 되기 때문에 권하지 않는다는 말씀이었다. 그래서 선거관리 위원은 모두가 투표할 수 있도록 만들어야 한다고 하셨다.

"네가 안 하고 싶다면 하지 않아도 돼. 하지만 네가 투표하지 않으면 네 표는 죽은 표가 되는 거야."

"죽은 표라고?"

"응. 아무 의미 없어진다는 거지. 그래서 난 투표했으면 좋겠어."

"하지만 나는 정말 셋 다 뽑기 싫어졌어. 그러니까 내 의사는 아무도 뽑지 않겠다는 거야. 죽은 표가 되어도 상관없어."

예린이는 채헌이 말도 일리가 있다는 생각이 들었다.

"채헌이 말이 맞아. 뽑기 싫으면 마는 거지, 뭐."

다른 친구들도 채헌이 말에 동감했는지 말을 보탰다.

그때 세나와 민주, 그리고 주용이가 교실로 들어왔다. 셋은 어제와 달리 침착한 얼굴이었다. 하지만 예전처럼 친해 보이지는 않았다. 아이들은 셋을 바라보다가 자리로 돌아갔다.

일주일이 흘렀다. 세나와 민주, 주용이는 공약이 적힌 포스터를 교실에 붙이고, 반 친구들에게 소중한 한 표를 달라고 이야기했다. 셋 다 더는 다른 사람의 공약에 대해 왈가왈부하지 않았다. 마치 초등학교 반장 선거가 아니라 진짜 어른들의 선거에 나가는 후보자들 같았다.

선거관리 위원이 된 세 친구들은 투표가 중요하다는 내용으로 신문을 만들어서 교실 앞 벽면에 붙여 놓았다. 투표를 독려하는 동영상도 만들어서 틀었다.

드디어 투표 날이 되었다. 반장 선거는 전자 투표로 뽑았다. 아이들은 각자 자신들이 지지하는 후보에 투표를 했다. 투표가 끝나자 선생님은 빙그레 미소를 지었다.

"자, 컴퓨터 프로그램이 벌써 개표를 마쳤는데요. 결과를 발표하기 전에 여러분께 하고 싶은 이야기가 있어요. 우선 지난 일주일 동안 여러분이 반장 선거를 진지하게 생각하고, 선거를 잘 치르기 위해서

애쓰는 모습이 정말 자랑스러웠어요. 여러분은 누구보다 훌륭한 민주 시민이에요."

선생님은 세나와 민주, 주용이를 바라보았다.

"세나와 민주, 주용이도 정말 잘해 줬어요. 셋이 상대방을 비방하지 않고 자신의 공약에만 집중해서 선거 운동을 해서 정말 멋지다고 생각했어요. 선거관리 위원 여러분도 무척 잘해 줬어요. 신문과 영상을 보고 정말 놀랐습니다."

말씀을 마친 선생님은 컴퓨터로 결과를 보여 주었다. 민주가 8표, 세나가 4표, 주용이가 6표, 그리고 기권이 2표였다.

"축하해! 서민주!!"

박수 소리를 들으며 민주는 자리에서 벌떡 일어섰다. 믿어지지 않았다. 진짜 반장이 되다니! 오랫동안 기다렸던 만큼 정말 기뻤다. 한편으로는 세나와 주용이에게 미안하기도 했다. 세나와 주용이를 보자 둘 다 웃으며 박수를 치고 있었다.

"정말 축하해. 민주야."

세나가 먼저 말을 건넸다. 주용이도 축하한다고 말했다. 선생님이 민주에게 소감을 발표하라고 하셨다.

민주는 심호흡을 하고 아이들 앞에 섰다.

"우선 저를 뽑아 주셔서 정말 감사드립니다. 앞으로 여러분의 말에 늘 귀 기울이고, 공약도 꼭 지키는 반장이 되겠습니다. 그리고 저는 세나의 공약도, 주용이의 공약도 정말 좋다고 생각했어요. 아! 아이스크림은 빼고요."

"에이. 그 얘기 그만해. 선거 운동을 하는 동안 아이스크림 얘기는 두 번 다시 안 했잖아. 나는 이제 아이스크림은 쳐다보기도 싫다고."

주용이가 익살스럽게 말하자 모두 와자하게 웃음을 터뜨렸다.

사실 셋이 싸우고 난 다음 날 세나와 민주, 주용이는 따로 만났다. 세나와 민주는 주용이에게 교실에서 대놓고 비난해서 미안하다고 사과했다. 주용이는 아이스크림에 대해 더는 말하지 않겠다고 말했다. 그리고 셋은 서로의 공약에 대해 비난하지 말자고 이야기했다.

"아. 알아. 다시 말해서 미안해. 주용아."

민주는 환하게 웃으며 말을 이었다.

"여러분만 좋다면 둘의 공약도 함께 실천하고 싶어요. 우리 반이 행복한 반이 될 수 있도록 앞으로 열심히 하겠습니다. 감사합니다!"

고개 숙여 인사하는 민주에게 아이들 모두 힘차게 박수쳤다. 세나도 주용이도 민주를 향해 아낌없이 박수를 건넸다.

민주주의의 꽃, 선거에 대해 알아보자!

여러분도 민주네 반처럼 반장 선거를 해 봤을 거야. 초등학교 때부터 학급 임원 선거를 하는 이유는 뭘까? 그건 민주주의 사회가 무엇인지, 선거가 무엇인지 경험해 보기 위해서야. 반장 선거에 후보로 나가는 것뿐 아니라 여러분이 원하는 후보를 뽑기 위해 투표하는 것도 모두 정치 행위거든.

 **선거는 투쟁으로 얻어 낸 민주주의 산물이야!**

민주적인 선거 제도가 튼튼하게 뿌리내리기까지 길고도 격렬한 투쟁을 해야 했어. 영국을 예로 들어 보자. 영국은 청교도 혁명(1642~1651)과 명예혁명(1688) 같은 시민 혁명을 하고 나서야 사람들이 선

거권을 얻었어. 하지만 이때도 귀족과 부자들만 투표권이 있었어. 전체 인구 중 약 2퍼센트의 남성들만 투표할 수 있었지.

1867년이 되어서야 도시에 사는 소시민과 노동자들, 일부 농촌 노동자들도 투표를 했어. 이후 1884년과 1885년에 지방 소작인, 농촌, 광산 노동자 계층도 선거권이 생겼지. 이때도 30세 미만 남성과 여성들은 투표할 수 없었어. 1918년에 4차 선거법을 개정하면서 21세 이상 남성과 30세 이상 여성들이 투표할 수 있었지. 그리고 10년이 더 지나서야 21세 이상의 모든 여성들이 남성과 동등하게 투표할 수 있었어. 그동안 영국 여성들은 선거권을 얻으려고 목숨까지 걸고 시위를 했어.

프랑스도 마찬가지야. 1789년 프랑스 시민 혁명이 일어난 이후로 40여 년이 지난 1830년까지도 일부 사람들만 투표했어. 투표권은 '직접세를 일정 액수 이상 내고 재산을 가진 30세 이상 남성'에게만 있었거든. 당시 프랑스 전체 인구의 0.3퍼센트만 투표할 수 있었던 거야. 프랑스에서 모든 사람들이 보통 선거를 치르게 된 건 1944년이 되어서야.

우리나라는 1948년 5월 10일에 제헌 국회를 만들 국회 의원을 뽑기 위해 처음으로 보통 선거를 치렀어. 대한민국 최초의 선거였지.

프랑스 시민 혁명 때 바스티유 감옥을 공격하는 시민들

장 피에르 위엘 그림, 1789년

여성, 가난한 노동자, 흑인이나 서구 제국주의와 제2차 세계 대전의 피해를 입은 아시아인 등이 선거권을 누리기까지는 수백 년이 걸렸어. 오늘날 많은 사람이 당연하게 여기는 선거권은 이렇게 기나긴 투쟁과 저항으로 얻어 낸 산물이야.

사람들은 왜 고난을 무릅쓰고 선거권을 얻으려 한 걸까? 바로 선거권이 민주주의를 실현할 수 있는 방법이기 때문이야. 선거는 대의 민주주의의 가장 대표적인 정치 행위이거든. '모든 사람이 평등하게 나라를 다스린다'는 민주주의를 실현하려면 꼭 필요하지.

🔽 나쁜 선거 제도? 게리맨더링

선거 제도가 항상 옳은 방향으로만 발전한 건 아니야. 게리맨더링(Gerrymandering)처럼 나쁜 선거 제도도 있었어. 게리맨더링은 특정 정당의 지지자들이 많은 곳을 무조건 하나의 선거구로 묶는 걸 말해. 거리가 멀어도 지역들을 억지로 묶다 보니 이상한 모양의 선거구가 나와. 하지만 이렇게 하면 특정 정당 지지자들이 많은 지역들끼리 모

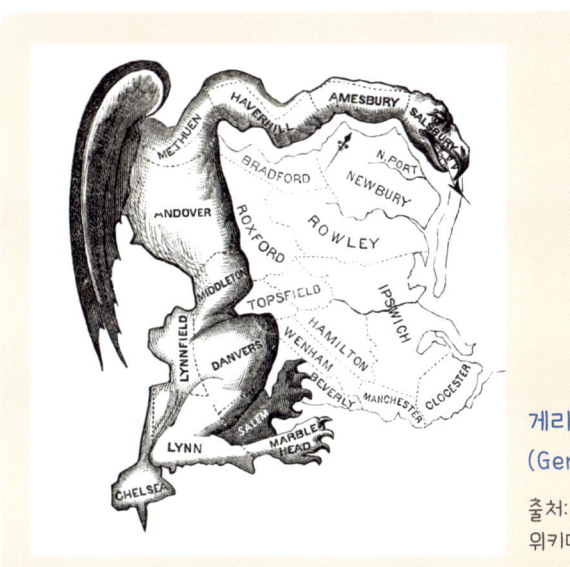

게리맨더링
(Gerrymandering)

출처: Elkanah Tisdale
위키미디어 커먼스

이니 거의 그 정당의 후보들이 당선되지.

　게리맨더링은 1812년 미국 매사추세츠 주 주지사인 '엘브리지 게리'가 자신에게 유리하게 선거구를 만들면서 나온 말이야. 그가 만든 선거구 모습이 마치 샐러맨더(Salamander)라는 상상 속 괴물과 모습이 비슷해서 '샐러맨더' 앞에 '게리'를 합성해 '게리맨더링'이라고 부르게 됐어. 우리나라는 이 게리맨더링을 막기 위해 선거구를 법률에 따라 정해. 보통 행정 구역 경계에 따라 선거구를 정하지.

민주주의의 꽃, 선거에도 원칙이 있어!

　선거는 현대 대의 민주주의 사회에서 가장 대표적인 정치 행위야. 그래서 '선거'를 민주주의라는 열매를 맺을 '꽃'이라고 부르기도 해. 선거에는 꼭 지켜야 하는 네 가지 원칙이 있어.

　첫째가 보통 선거의 원칙이야. 일정 나이 이상의 국민은 성별, 신분, 인종, 재산, 종교, 교육 수준, 장애 여부 등에 관계없이 모두 동등한 선거권을 가져. 우리나라는 만 18세부터 모두 투표할 수 있어.

　둘째는 평등 선거의 원칙이야. 평등 선거는 각자 한 표씩 투표하고 그 한 표의 가치는 모두 똑같다는 거야. 김삿갓이 던진 한 표가 다섯 표로 둔갑하고, 홍길동이 던진 한 표는 딱 그 한 표로만 인정된다면 어떻게 될까? 홍길동이 지지한 사람보다 김삿갓이 지지한 사람이 당선될 확률이 높아져. 민주주의 사회에서 절대 일어나서는 안 되는 일이야!

셋째는 직접 선거의 원칙으로, 반드시 자기가 직접 투표해야 한다는 거야. 내 투표권을 다른 사람에게 줄 수도 없어.

마지막으로 비밀 선거의 원칙이 있어. 누가 누구에게 투표했는지 다른 사람들이 알 수 없어야 해.

정치 제도에는 어떤 것들이 있을까?

▼ 대통령제

대통령제란 대통령을 중심으로 법을 집행하는 '행정부', 법을 만드는 '입법부', 법을 적용하는 '사법부'가 동등한 위치에서 서로 참견하지 않고 국민들을 위해 일하는 제도야. 이것을 '삼권 분립'이라고

도 말해. 삼권 분립은 행정부, 입법부, 사법부가 독립적으로 분리되어 있다는 뜻이야. 대통령제를 운영하는 나라에서는 국회 의원 선거와 대통령 선거를 따로 해. 입법 기관인 국회 의원과 행정 기관인 대통령을 국민들이 각각 직접 뽑지.

🔽 의회제

의회제는 행정부가 대통령(혹은 왕)과 내각(수상과 여러 행정 부처의 장관 등 행정부의 주요 인물로 구성되는 국가 기관)으로 되어 있어. 의회제를 운영하는 나라에서 대통령(혹은 왕)은 이름뿐인 국가 원수야. 아무런 정치적인 권한이 없지. 실제 정치는 의회 대표인 '수상'이 내각을 만들어서 해. 영국, 캐나다, 일본 등이 의회제 국가야.

의회제는 의회의 힘이 막강해서 행정부가 하는 일에 이래라저래라 할 수 있어. 물론 행정부도 의회가 하는 일에 왈가왈부할 때가 있지.

따라서 어느 한 사람에게 권력이 집중되지 않아서 의회제 국가에서는 독재자가 나오기 힘들어. 수상을 정하는 선거는 보통 의회에서 뽑아. 국민들은 새로운 의회를 만들기 위한 총선거 때만 투표해.

의회제나 대통령제라고 해도 다 똑같진 않아. 각 나라의 상황에 맞게 조금씩 제도를 바꾸고 선거 방식도 다르지. 우리나라는 대통령제를 택하지만, 의회제의 특성도 일부 있어. 예를 들어 대통령을 보좌하며 행정을 두루 살피는 국무총리 제도도 있고, 행정부가 법률안을 낼 수 있지.

 **우리나라 선거에 대해 알아보자!**

우리나라는 대통령제 국가야. 따라서 법을 만드는 국회, 즉 입법부와 국회에서 만든 법을 실제로 집행하는 행정부, 법을 적용하는 사법부로 나뉘어 있어. 우리나라 국민들은 행정부의 우두머리이자 국가 운영의 모든 책임을 맡는 행정부 수반인 '**대통령**'과 입법부의 구성원인 '**국회 의원**'을 직접 뽑아.

대통령 선거는 5년마다 치러. 국회 의원을 뽑는 선거인 총선은 4년마다 있지. 아울러 우리나라는 지방 자치 제도가 있어서 시장과 시·도 의원, 구 의원(지방 의회와 지방 자치 단체장), 교육감 등을 뽑는 지방 선거도 4년마다 해.

당선자를 뽑을 때는 다수결의 원칙을 사용해. 이걸 단순 다수 대표제라고 하는데 제일 보편적인 투표 방법이지. 다수 대표제는 무조건 가장 많은 지지를 받은 후보, 정당, 사안이 선택되는 제도야.

▽ 선거는 어떻게 진행될까?

① 선거 공고 ② 후보자 등록 ③ 선거 운동 ④ 투표 ⑤ 개표 ⑥ 당선자 발표

선거철이 되면 대한민국 중앙선거관리위원회에서 언제, 어떻게, 어떤 선거를 한다고 공고를 해. 공고가 끝나면 후보자들이 후보 등록을 하고, 정해진 기간에 선거 운동을 해. 선거일이 되면 정해진 장소에서 모두 소중한 한 표를 찍지. 우리나라에는 투표일보다 먼저 투표할 수 있는 '사전 투표 제도'가 있어. 투표일에 투표하기 어려운 사람

들은 사전 투표 기간에 미리 투표하면 돼.

투표가 끝나면 투표함을 개표소로 옮겨서 표를 확인해. 개표가 끝나고 누가 당선되었는지 발표하면 선거가 끝나.

▽ 공정한 선거 관리는 내게 맡겨! 중앙선거관리위원회!

중앙선거관리위원회는 대통령 선거와 같은 공직 선거를 관리해. 여러분이 학급 임원 선거나 전교 회장 선거를 할 때 선거관리위원회를 만들어 일하듯이, 국가의 공직 선거를 관리하는 곳이지. 또, 각 시도에 있는 시도 선거관리위원회를 감독하기도 해.

선거관리위원회는 평소에도 공정한 선거가 무엇인지, 왜 투표가 중요한지를 사람들에게 알려 줘. 또한 정당이 올바르게 일하고 정치 자금이 바르게 쓰이는지도 감독해.

▽ 정당이 뭐야?

"○○당 소속 국회의원 김○○입니다."

"난 ○○당을 지지해!"

여기서 ○○당은 정당을 의미해. 그렇다면 정당이란 대체 뭘까? 정당은 '정치적 의견과 생각이 같은 사람들끼리 모여 만든 집단'이야. 대통령 후보나 국회 의원 후보도 대부분 정당의 일원이어서 그 정당의 도움을 받아 선거에 나가. 하지만 무조건 정당에 속해야 선거에 나갈 수 있는 건 아니야. 무소속 의원이라는 말을 들어 봤니? 무소속 의원은 말 그대로 특정한 정당에 소속되지 않은 국회 의원을 말해.

정당은 헌법과 정당법을 토대로 해서 만들어. 현재 우리나라는 법으로 정당을 자유롭게 만들 수 있게 되어 있어. 또 정당을 여러 개 만들 수도 있는데, 이걸 '복수 정당제'라고 해. 다만, 정당은 그 목적과 활동이 민주적이어야 해. 또한 정치적인 뜻을 펼치기 위한 조직이 꼭 있어야 하지.

만일 정당의 목적이나 활동이 민주적인 질서에 어긋나거나, 정당 혹은 정당에 소속된 일부 개인만의 이익을 위한다면 정부는 헌법 재판소에 그 정당을 해산시켜 달라고 요청할 수 있어. 국민의 이익을 위하지 않는 정당은 헌법 재판소의 결정에 따라 사라지는 거지.

선거에서 다수결의 원칙, 문제는 없을까?

우리나라는 단순 다수 대표제로, 많은 수가 나온 후보가 당선돼. 하지만 이 제도는 투표율이 낮을 경우에 문제가 돼. 만일 사람들이 투표를 거의 하지 않아서 전체 유권자의 1/3 정도인 33%의 지지만 받았더라도 가장 많은 표를 얻었다면 당선되는 거지. 전체 인구의 33%가 지지하는 사람이 과연 우리 모두를 대표할 만한 사람일까? 그렇지 않을 거야.

이와 같은 단순 다수 대표제의 단점을 해결하기 위해 프랑스는 대통령 선거 때 가장 많은 표를 받은 두 명을 두고 또다시 투표를 해. 이것을 결선 투표제라고 하지.

단기이양식투표
(single transferable vote)의 예
출처: 위키미디어 커먼스

아일랜드나 호주에서는 유권자가 여러 명의 출마자 이름 옆에 본인이 지지하는 순서를 적어. 예를 들어 A라는 사람이 제일 좋다면 A 이름 옆에 1이라는 숫자를 쓰지. 그 다음 좋다고 생각하는 B라는 사람 이름 옆에는 2란 숫자를 적는 거야. 최대한 많은 사람들이 지지하는 당선자를 찾을 때까지 여러 번 개표해. 이것을 단기 이양식이라고 하지. 하지만 이렇게 하면 선거에 시간과 돈이 많이 들고 개표하기도 힘들어.

그래서 경제학자 애로(Kenneth Arrow)는 "모두를 만족시킬 수 있는 선거란 없다"고 말했어.

영국의 수상이었던 윈스턴 처칠은 "지금보다 더 나은 민주주의 또는 새로운 정치 시스템을 계속 찾아야 한다"고 했지. 처칠의 말처럼 우리는 우리 의견을 더 잘 반영하고, 지금의 민주주의가 지닌 문제점을 극복할 새로운 정치 시스템을 계속 찾아야 해.

**매니페스토 운동!
거짓 공약을 걸러 내고 좋은 후보자를 선택하자!**

"내가 대통령에 당선된다면 온 국민에게 1억 원씩 지급하겠습니다."

과연 이 후보가 대통령에 당선되었을 때, 모든 사람에게 1억 원씩 줄 수 있을까? 아마도 어려울 거야.

선거철이 되면 후보자들이 너도나도 국민들에게 '만약 당선되면 이 일을 꼭 하겠다'라며 약속을 해. 이런 걸 공약(공적인 약속, 公約)이라고 해.

물론 '온 국민에게 1억 원씩 주겠다'는 공약은 과장된 이야기야. 그런데 실제 후보자들이 내세운 공약들 가운데도 이처럼 절대 실현시키기 어려운 공약들이 종종 있어. 그저 당장 표를 얻기 위해 못 지킬 약속을 하는 거지.

혹은 모두에게 좋은 공약이 아닌 경우도 있어. 예를 들어 집값을 올리겠다는 공약을 살펴볼까? 집을 가진 사람들에게는 집값을 올린다는 공약은 좋은 공약일 거야. 하지만 집이 없는 사람들에게는 매우 곤란한 공약이 되겠지.

선거에 나온 후보자와 정당의 가치와 철학, 정책 대안들은 잘 살펴보고 투표해야 해. 그래서 실현이 불가능한 공약, 실현할 수는 있지만 나쁜 공약들을 잘 걸러 내야 하지. 이런 것을 '매니페스토 정책 선거(elect manifesto)'라고 해. 매니페스토란 '표를 얻기 위해 후보자가 하는 거짓말을 거부하겠다'는 운동이야.

사표도 권리일까?

혹시 '사표'에 대해 알고 있어? 이것은 투표 도장을 잘못 찍거나, 모든 후보자 이름 옆에 도장을 찍는 식의 문제로 무효로 처리되는 무효표와는 달라.

사표(死票)는 투표를 하지 않거나, 투표를 하더라도 내 표가 후보자의 당락에 영향을 미치지 못하게 되는 경우를 말해. 여기서는 '투표를 하지 않는 사표'에 대해 생각해 보려고 해.

우리나라는 선거일이 휴일이야. 그렇다 보니 선거 날에 투표 대신 여행이나 나들이를 가기도 해. 보통 정치에 관심이 없을 때 그러지. 또는 후보자들을 잘 살폈지만 도저히 투표하고 싶은 사람이 없을 때도 그래. 아무것도 선택하지 않을 권리를 행사하는 거야.

여기에 대해 어떻게 생각하니? 사표는 '죽을 사(死)' 자를 써서 사표야. 말 그대로 내가 가진 표가 죽는 거야. 때때로 세상은 최선의 것으로만 돌아가지

않아. 나쁜 일이 좋은 일만큼 많고, 정의롭지 않은 일이 정의로운 일만큼 많지. 수많은 사람들이 제각각 희망과 이상이 달라. 그러니 최선이라고 생각하는 것도 다 다를 수밖에 없어.

민주주의는 '최악을 막기 위해 차악이라도 선택하는 것'이라고 해. 더 나쁜 상황을 만들지 않기 위해서는 덜 나쁜 사람이라도 '선택해야 한다'는 거야. 그러니 내가 가진 한 표를 그냥 무의미하게 버리지 않고 꼭 투표를 했으면 좋겠어. 투표는 권리이자, 더 나은 세상을 만들기 위해 민주 시민이 가진 의무이기도 하니까.

> 이야기 넷

토끼들이여! 동물 왕국에서 독립하자!

 꽃피는 봄이 되자 동물 왕국은 한층 활기찼다. 특히 다양한 동물들이 함께 살아가는 토끼 마을은 다른 마을보다 더 활기가 넘쳤다.
 "호외요! 호외!「토끼들의 하루」에 중요한 소식이 있습니다. 호외로 확인하세요!"
 "나도 한 장 주게나."
 "앗. 시장님! 여기 가져가세요."
 「토끼들의 하루」는 매일 토끼 마을의 소식을 전하는 소식지다. 토끼 마을의 시장인 자랑 씨는 서둘러 소식지를 펼쳤다. 호외에는 오늘

오전에 있었던 다람쥐 마을과 토끼 마을의 달리기 경기 결과가 나와 있었다. 하지만 자랑 씨는 달리기 경기에서 누가 이겼는지 궁금하지 않았다. 자랑 씨가 찾는 기사는 따로 있었다.

📌 ……사슴 마을, 기린 마을 동물들이 토끼 마을로 들어오는 상황이 심상치 않다. 토끼 마을에서 정작 토끼들의 일자리는 점점 사라지고, 사슴들과 기린들은 토끼 마을에 취직해서 번 돈을 각자 자기 마을로 보내고 있다. (중략) 이런 문제를 생각해 보면 과연 이대로 괜찮은지 의문이 든다.

자랑 씨의 얼굴에 미소가 떠올랐다. 이 기사는 자랑 씨가 주문한 그대로였다.

어제 자랑 씨는 「토끼들의 하루」의 편집장인 기자 씨와 저녁 식사를 했다. 자랑 씨는 대대로 토끼 마을 시장을 한 집안에서 자랐다. 증조할아버지가 시장이었던 시절에는 토끼 마을이 동물 왕국에 속해 있지 않았다. 그때 토끼 마을은 동물 왕국에서 제일 잘살았고 잘나갔다. 자랑 씨가 그때의 영광을 그리워하자 기자 씨도 맞장구를 쳤다.

"애초에 우리 토끼 마을은 동물 왕국에 소속되지 말았어야 해요."

"맞아. 그래서 말인데 앞으로 토끼 마을 주민들에게 투표하자고 하면 어떨까 생각 중이네."

"투표라고요?"

"그래. 토끼 마을이 이대로 동물 왕국에 있을지, 아니면 독립할지를 묻는 투표 말일세."

당근 주스를 마시려던 기자 씨의 손이 뚝 멈췄다. 생각지도 못한 이야기에 당황한 것이다.

"주민들이 이제 와서 과연 독립을 원할까요?"

"나는 어디까지나 주민들 의견에 따를 생각이야."

의뭉스럽게 답하면서도 자랑 씨는 기자 씨에게 종이 하나를 내밀었다. 기자 씨가 종이를 찬찬히 살펴보았다. 그것은 그동안 토끼 마을이 동물 왕국에 소속된 후에 나타난 변화를 알기 쉽게 그래프로 그린 것이다.

가장 눈에 띈 부분은 토끼 마을에 온 사슴들과 기린들의 수가 늘었다는 것이다. 그리고 그들이 토끼 마을에서 일하면서 토끼 마을 주민들은 일자리를 잃어버리고 있다는 거였다. 기자 씨는 한숨을 쉬었다.

"안 그래도 저도 이게 걱정이었어요. 다른 동물들이 우리 토끼들의 일자리를 다 빼앗아 가니까요. 그래도 우리도 동물 왕국에 속해서 이익이 꽤 많았지 않습니까?"

"그렇기야 하지. 하지만 우리 토끼들은 예로부터 동물 왕국에 속하지 않고도 모든 것을 잘해 왔다네. 그 자긍심을 동물 왕국에 의지하면서 전부 잃어버렸어. 이제는 토끼들조차 우리 토끼들이 가장 잘났다는 것을 몰라. 나는 지나간 영광을 되찾고 싶네."

다음 날 신문에는 바로 자랑 씨의 의도 그대로 기사가 났다.

기자 씨가 쓴 기사는 많은 주목을 받았다. 토끼 마을이 다람쥐 마을을 이겼다는 소식보다는 토끼 마을이 동물 왕국에 속하는 바람에 손해를 본다는 기사가 더 널리 퍼진 것이다. 토끼들은 모이면 그 기사에 대해 이야기했다. 토끼 마을이 술렁이자 다음 날, 더 노골적인 기사가 올라왔다.

기자 씨는 기사에 '동물 왕국에서 토끼 마을이 독립해야 하는 세 가지 이유'란 제목을 달았다. 그리고 예전에 토끼 마을이 동물 왕국에 속하지 않았던 시절에 얼마나 잘살았는지를 적었다. 사슴이랑 기린들이 토끼 마을에 와서 일하면서 토끼들의 일자리를 빼앗는다고도 했다. 또한 그들이 아플 때마다 토끼 마을에 있는 병원에 다녀서 토끼들이 진료를 제대로 받기 위해 매달 돈을 내서 모은 의료 보험을

축내고 있다고 썼다. 그러니 반드시 토끼 마을이 독립해야 한다고 말한 것이다.

"귀욤 씨. 귀욤 씨도 기사 봤어요?"

토끼 마을에서 가장 많은 사랑을 받는 소설가 귀욤 씨에게 토끼들이 다가왔다. 귀욤 씨는 귀를 까닥이며 토끼들에게 말했다.

"네. 저도 기자 씨의 기사 봤어요. 그런데 토끼 마을이 동물 왕국에 속해 있어서 얻는 혜택도 많아요. 그런 혜택들에 대한 이야기가 없더라고요."

"예? 무슨 혜택이 있는데요?"

"우리가 동물 왕국에 속해 있기 때문에 자유롭게 다른 동물 마을에 갈 수 있잖아요. 여기에 사슴이나 기린들이 일하러 오는 것처럼 우리 토끼들도 다른 마을에서 일하고 있고요. 그들도 거기서 일해 번 돈을 여기로 부치니까 사실 크게 손해 보는 것도 없어요. 오히려 이득이라고 생각해요."

"하지만 의료 보험 제도는요? 우리가 매달 의료 보험으로 미리 돈을 내는 건 우리가 아플 때 치료받기 위해서잖아요. 그런데 가만 보면 사슴이나 기린들이 더 많이 병원을 가는 거 같아요."

"에이. 그것도 병원에 자주 갈 정도로 험한 일을 사슴이나 기린들이 많이 하기 때문이잖아요. 그들이 와서 집짓기나 도로 만들기처럼 힘든 일을 대신 해 주니, 오히려 좋은 거 아닐까요?"

평소에는 귀욤 씨의 말이라면 다 맞장구치던 토끼들이었지만 이번에는 달랐다. 그들은 자기들끼리 쑥덕거리다 사라졌다.

귀욤 씨는 기자 씨의 기사 내용이 마뜩지 않았다. 귀욤 씨가 보기에는 토끼 마을이 동물 왕국에 있는 편이 훨씬 나았다. 아무래도 토끼 마을이 동물 왕국에서 독립해야 한다고 생각하는 토끼가 있는 것 같았다.

'그 토끼가 누군지 알면 이런 기사들을 멈출 수 있을 텐데.'

귀욤 씨는 그 기사를 보고 토끼들이 괜히 다른 동물들을 미워하며 토끼 마을이 독립해야 한다고 생각할까 봐 걱정되었다.

귀욤 씨의 걱정처럼 토끼 마을이 동물 왕국에서 독립해야 한다고 생각하는 토끼들이 점점 많아졌다. 큰길에는 '토끼 마을의 독립! 꼭 필요합니다!!!'라고 적힌 플래카드가 붙었다.

또한 토끼 마을에서 다른 동물들을 몰아내야 한다는 포스터도 붙었다. 점점 토끼들이 적대적인 태도로 대하자 사슴들과 기린들은 자기 마을로 돌아가기 시작했다.

이 분위기에 불을 붙이듯 이틀 후 「토끼들의 하루」 소식지에 기자 씨의 또 다른 기사가 실렸다.

> 🔖 토끼 마을 시장인 자랑 씨는 일주일 뒤인 동물 왕국력 29년 5월 22일에 토끼 마을이 동물 왕국에 남을지, 독립할지를 묻는 주민 투표를 할 예정이라고 밝혔다. 이것은 토끼 마을이 과거의 영광을 되찾고 토끼들의 생존권과 더 나은 행복을 보장받기 위한 것이다. 이날 투표에는 토끼 마을의 주민인 모든 토끼들이 참여할 수 있다. 또한 투표율을 높이기 위해 투표일을 임시 공휴일로 지정한다.

토끼 마을이 일제히 들끓었다. 동물 왕국에 남아야 한다는 토끼들과 독립해야 한다는 토끼들이 더 격렬하게 싸웠다. 동물 왕국에 토끼 마을이 남건 말건 별 관심 없는 토끼들은 임시 공휴일이 생겨서 좋아했다. 한쪽에서는 낮이건 밤이건 토끼 마을의 독립을 외치고, 맞은편에서는 독립을 원하는 토끼들은 이기적인 동물 차별 주의자라고 비난했다.

드디어 투표일이 다가왔다. 투표일 아침부터 자랑 씨는 가장 좋은 옷을 골라 입고 제일 처음 투표를 했다. 투표를 하고 나오는 자랑 씨의 사진을 기자 씨가 근사하게 찍어 바로 소식지로 발행했다. 그러자 토끼들은 너도나도 투표소로 향했다.

귀욤 씨 역시 투표를 마치고 나오면서 기자 씨와 마주쳤다. 기자 씨는 토끼 마을에서 최고 인기인인 귀욤 씨에게 어떻게 투표했냐고 질문했다.

"제 생각은 지금까지 계속 이야기했기 때문에 모두 아실 텐데요. 저는 토끼 마을의 독립을 반대하는 데 한 표 던졌습니다."

기자 씨는 귀욤 씨에 대한 기사는 쓰지 않았다.

그날 저녁, 자랑 씨가 시청 단상에 올라 투표 결과를 발표한다고 하자 토끼들은 너도나도 시청으로 향했다.

"친애하는 토끼 마을의 토끼 주민들께 오늘 투표에 참여해 주셔서

감사하다는 말씀을 전합니다. 드디어 결과가 나왔습니다."

자랑 씨는 기쁨에 찬 얼굴로 외쳤다.

"투표한 결과, 우리 토끼 마을은 동물 왕국에서 탈퇴하기로 결정됐습니다!! 앞으로도 저는 우리 토끼 마을의 무궁한 영광을 위해 힘쓰겠습니다. 그 어떤 동물들보다 토끼들이 가장 훌륭하고 멋진 동물입니다. 그 자긍심을 잊지 말아 주세요!"

독립을 찬성하는 토끼들의 환호성이 터져 나왔다. 하지만 귀욤 씨와 독립을 반대하는 토끼들, 아직 토끼 마을에 남아 있던 사슴들과 기린들의 얼굴은 어두웠다.

토끼 마을의 투표는 동물 왕국에서도 최고의 관심사였다. 많은 동물 마을이 토끼 마을의 투표를 지켜보았다. 그중에는 토끼 마을이 동물 왕국에 남길 바라는 마을도 있었고 나가길 바라는 마을도 있었다.

하지만 투표 결과가 싫건 좋건 동물 왕국은 받아들일 수밖에 없었다. 동물 왕국은 말이 왕국이지, 동물 왕국 전체를 통치하는 대표자가 없다. 각 동물 마을의 대표들이 모여 왕국을 이루었다. 그러니 토끼 마을 대표가 주민 투표를 거쳐 동물 왕국을 나가겠다고 하면 그걸 막을 방법이 없었다. 각 동물 마을의 대표들은 토끼 마을의 독립을 인정했고, 드디어 토끼 마을은 동물 왕국에서 벗어나게 되었다.

동물 왕국에서 탈퇴하고 나서 처음에는 축제 분위기였다. 토끼 마을에는 어느새 토끼들만 남았고, 토끼들은 그 사실에 자부심을 느꼈다. 하지만 곧 문제가 속속 드러났다.

"이제 토끼 마을에서 동물 왕국으로 오려면 여행 증명서가 필요합니다. 그냥 올 수 없어요."

"아직 서류가 나오지 않았어요. 오늘 사슴 마을에 제 책이 나와서 사인회를 하기로 했어요. 오늘만 어떻게 안 될까요?"

"안 됩니다."

새로 책이 나와서 사슴 마을에서 사인회를 열려던 소설가 귀욤 씨는 결국 사슴 마을로 가지 못하고 터덜터덜 마을로 돌아왔다. 그때 귀욤 씨의 앞에 토끼 마을 소식지가 눈에 들어왔다. 귀욤 씨는 소식지를 펼쳐 보았다.

🔹 기자 씨가 그간 토끼 마을 소식지에 냈던 기사들 중 상당 부분이 거짓으로 드러났다. 기자 씨의 기사와는 달리, 오히려 옆 마을의 젊고 건강한 사슴이나 기린들이 토끼 마을에서 일하면서 세금을 토끼 마을에 내고 있어서 토끼 마을 입장에서는 더 좋았다는 사실이 밝혀졌다. 게다가 이제 토끼들이 동물 왕국을 오가기 위해서는 불필요한 절차를 거쳐야 한다.

토끼 마을의 독립은 얻는 것보다 잃는 게 더 많은 것으로 보인다. 불편한 부분만 더 많아지고 좋아진 부분은 별로 없어서 많은 토끼들이 동물 왕국에서 독립한 것을 아쉬워하고 있다. 기자 씨는 책임을 지고 편집장 자리에서 물러났다.

"이게 뭐야."

귀욤 씨는 아연실색하며 소식지를 구겼다. 귀욤 씨뿐 아니라 뒤늦게 소식지를 접한 토끼들 모두 허탈해했다. 토끼들은 독립을 처음 제안했던 자랑 씨와 기자 씨를 비난했다. 하지만 이미 되돌리기에는 늦었다.

동물 왕국은 토끼 마을을 다시 받아줄 수 없다고 했다. 이제 토끼 마을은 다른 동물 마을에 가려면 불편한 절차를 거쳐야 하고 토끼 마을에는 토끼들만 살게 됐다.

올바른 정치를 하려면 우리의 생각을 노리는 가짜 뉴스를 피해야 해!

우리는 많은 것을 선택하며 살고 있어. 작게는 친구들과 분식집에서 뭘 먹을지부터 크게는 정치 행위를 하며 무엇이 옳고 그른지 따지지. 선거 역시 '선택'하는 거야. 그렇다면 우리는 어떤 생각을 가지고 선택할까? 또, 우리가 선택을 할 때 하는 생각들은 어디에서 온 걸까?

 **가짜 뉴스와 SNS, 내 생각을 조종한다?!**

우리는 무언가를 그냥 선택하지 않아. 다양한 경험과 정보들을 토대로 가장 좋을 만한 선택지를 고르지. 이 정보들은 어디서 얻을까? 예전에는 신문이나 TV에서 얻는 정보가 가장 많았어. 그런데 지금은 스마트폰을 통해 개인 방송이나 유튜브, 인스타그램이나 페이스

북 같은 SNS(Social Network Service, 소셜 네트워크 서비스)를 하면서 손쉽게 정보들을 주고받아.

우리는 수많은 정보들을 공유하거나, 자신의 생각을 더해 SNS나 유튜브에 올리기도 하지. 그러면서 우리는 자기만의 신념이나 생각들을 만들어 나가. 하지만 과연 이 과정에 아무 문제가 없을까?

SNS나 유튜브 같은 동영상 플랫폼 서비스는 인공지능과 빅데이터를 이용해 사람들이 각자 좋아하는 내용 위주로 뉴스를 보여 줘. 그래서 자신도 모르게 정보를 치우치게 받아들이게 돼.

예를 들어, 유튜브에 처음 들어가면 평소 자신이 자주 보는 영상과 관련 있는 영상들을 추천해 줘. 우리는 대부분 그게 진실인지 알아보지 않고 그냥 봐. 그리고 그걸 좋아하는 사람들과 나누지. 만약 그게

가짜 정보들이라면 우리는 가짜 정보를 받아들이고 퍼트리는 거야.

누군가가 나쁜 마음을 먹고 가짜 뉴스를 만드는 것도 문제이지만, 더 큰 문제는 유튜브 추천 알고리즘이 뉴스가 진짜인지 알아보지 않고 퍼뜨린다는 거야. 이럴 때는 잘잘못을 따지기가 더 어려워. 따라서 인터넷과 SNS에 정보를 올리는 행위와 그 정보에 대해 적정한 규제가 있어야 한다는 목소리가 커지고 있어.

'브렉시트'로 알아보는 가짜 뉴스와 국민 투표

브렉시트(Brexit)는 영국(Britain)과 탈퇴(exit)를 합쳐서 만든 말이야. 즉 '영국이 유럽 연합(EU)에서 떠난다'는 뜻이지. 2016년 6월 영국은 유럽 연합에서 탈퇴할지를 묻는 투표를 했어. 영국 국민들의 51.9%가 찬성하면서 영국은 유럽 연합을 탈퇴하게 되었어. 2020년 1월 31일 23시부로 영국은 유럽 연합에서 정식으로 탈퇴했어.

영국은 왜 유럽 연합을 탈퇴했을까? 이것은 영국이 유럽 연합 회원국이어도 얻는 이득이 없으니 탈퇴하는 게 낫다는 주장에서 시작됐어. 브렉시트를 찬성하는 쪽은 주로 환경 문제 때문에 자유롭게 기

업 활동을 하지 못했던 기업들과 유럽 연합을 반대하는 사람들이었어. 또, 그리스와 같이 경제가 어려운 유럽 국가들을 회원이라는 이유로 돕는 걸 부담스럽게 생각하는 사람들도 브렉시트를 찬성했지.

그런데 이 브렉시트 문제를 이야기하면서 가짜 뉴스와 선동, 도를 넘은 비판들이 무분별하게 쏟아졌어. 특히 「The Sun」과 「데일리 메일」 등 영국 언론사들은 영국의 사회 문제들이 유럽 연합 때문이라고 몰아붙였어. 유럽 연합의 치부를 보도하며 광고 수익을 올리기 위해서였지.

영국 정치권들도 유럽 연합이 영국에게 한 '좋은 일'은 모두 쉬쉬하고 '나쁜 일'만 얘기했어. 국민 투표를 하면서도 선거 운동으로 정책 내용보다 유럽 연합을 주로 비방했어. 교육 수준이 낮고 나이가 많은 사람들은 주로 브렉시트를 찬성했어. 반면, 교육 수준이 높고 젊은 사람들은 주로 브렉시트를 반대하면서 세대 간 갈등이 생겨났어.

사실 모든 유권자들이 직접 브렉시트에 대한 정보를 찾기는 어려워. 투표권을 가진 사람들이 모두 정보를 쉽게 얻을 수 있는 건 아니거든. 사람들은 결국 선거 운동의 표어나 광고, 언론 기사들을 보고 판단하기 쉬워. 그런데 이 표어나 광고, 기사들이 가짜 뉴스로 사람들을 선동했어. 브렉시트는 영국 국민에게 매우 중요한 일인데, 이토록 중요한 사안에 대해 국민들에게 논리적이고 진실된 정보를 주지 않았던 거야. 영국의 런던 AFP 통신사는 브렉시트 선거 운동을 두고 '역사상 최악의 선거 캠페인, 국민들을 둘로 분열시킨 선거'라고 비판했어.

함께 토론해 보자!

국민 투표 제도의 두 얼굴?

국민 투표는 정부가 어떤 일을 할 때, 이 일을 해도 되는지 국민에게 직접 묻는 제도야. 국민이 '직접' 정치에 참여할 수 있는 기회이지. 이렇게 중요한 제도인데 스위스를 제외한 대부분의 민주주의 국가에서는 헌법에서 정하는 사안을 빼고는 자주 하지 않아. 왜일까?

만약 정부가 어떤 일을 하려고 할 때 찬성과 반대가 극과 극으로 갈린다고 가정해 보자. 이런 사안을 국민 투표로 정하면 어떤 일이 벌어질까? 이 사안은 오로지 투표 결과에 따라 결정되기 때문에 찬성 혹은 반대 사이에 공격적인 토론이 이루어질 거야. 그 결과, 국민들 사이에 갈등이 생길 수 있어. 여기에 가짜 뉴스가 끼어들기 쉽고 양측이 싸우면 민주적인 토론이 불가능해져. 앞서 본 영국의 브렉시트 국민 투표가 그랬어.

또, 국민 투표를 할 때 국가의 권력이 끼어들면 그저 정부 정책을 옹호하는 수단이 될 수도 있어. 예를 들어 볼게.

제2차 세계대전을 일으킨 히틀러는 국민 투표를 치러서 나치당의 독재를 정당하게 내세웠어. 국민 투표를 할 때 나치당은 돌격대를 동원해 사람들에게 겁을 줘서 억지로 찬성표를 던지게 했어. 이때 유대인과 소수 민족이 사는 지역은 일부러 내버려 뒀어. 거기서 반대표가 많이 나오면 '국가에 충성하지 않는 위해 집단'으로 몰려고 한 거지.

박정희 전 대통령 역시 비슷한 방법을 써서 독재를 하기 위한 유신 헌법을 통과시켰어. 이러한 문제 때문에 우리나라는 현재 헌법 제72조와 국민투표법 제1조에서 외교, 국방, 통일과 관련한 중요 국가 정책과 헌법 개정 때에만 국민 투표를 실시한다고 정했어. 하지만 앞서 말했듯이 국민 투표 제도는 현대 대의 민주주의에서 우리 의사를 바로 밝힐 수 있는 중요한 제도야. 그러므로, 이를 어디까지 허용할지에 대해 늘 고민해 봐야 해.

 미디어 리터러시가 더욱 필요해!

우리는 언론의 보도를 보고 많은 정보를 얻어. 그렇기 때문에 언론은 늘 공정한 시각을 가지고 올바르고 정확한 정보를 전달해야만 해. 그런데 실제로 언론들이 늘 공정하고 정확한 정보를 전달할까? 안타깝게도 그렇지 않아. 언론사는 대부분 광고를 받아서 그 이익으로 회사를 운영해. 그래서 때로는 광고를 맡기는 광고주나 언론사의 이익을 위해 진실을 호도하거나, 거짓된 정보를 담기도 해.

그러므로 우리는 '미디어 리터러시(Media Literacy) 능력'을 꼭 갖춰야 해. 미디어 리터러시란 미디어가 주는 정보와 내용을 비판적으로 이해하고, 자신의 생각을 미디어로 책임 있게 표현하고, 소통할 수 있는 능력이야. 여기서 '비판'은 옳고 그름을 판단하는 걸 말해. 새로운 정보들을 받아들일 때 이게 정말 맞는 말인지 의심해 보고 다

른 자료들을 더 찾아가면서 확인해 보는 거야. 한마디로 '헛소리 탐지기'를 갖자는 거지.

국제도서관 연맹은 미디어 리터러시를 위해 가짜 뉴스를 판별하는 법을 8가지 발표했어. 앞으로 정보를 올바르게 받아들이기 위해 알아 두어야 해.

첫째, 출처 밝히기. 뉴스의 목적이나 그 기사를 쓴 기자의 연락처 등을 알아보는 거야.

둘째, 본문 읽어 보기. 대부분의 신문사들은 광고를 실어 주는 대가로 이익을 낸다고 했지? 그래서 신문사들이 광고를 더 많이, 더 비싸게 받기 위해서 간혹 선정적이고 자극적인 제목을 써. 그래야 사람들이 기사를 눌러 볼 테니까. 따라서 자극적인 제목만 보고 내용을 짐작해서는 안 돼. 기사 전체 내용을 꼼꼼하게 확인해 보자.

셋째, ==작성자 확인하기==. 기사나 뉴스를 쓴 사람이 진짜 있는 사람인지, 어떤 이력을 가졌는지 등을 보고 믿을 만한지 판별해야 해.

넷째, ==근거 확인하기==. 뉴스에서 전달하는 내용이 진짜 사실에 근거한 것인지를 확인하자. 때때로 신문사나 기자들이 자기 목적을 위해서 같은 내용도 왜곡해서 글을 쓰거나, 실제로는 인터뷰를 하지 않고 대충 말을 꾸며 낸 뒤 '관계자에 따르면', 'A씨가 말했는데' 등 애매하게 출처를 표기하는 경우가 있기 때문이야.

다섯째, ==날짜 확인하기==. 오래된 뉴스를 다시 내보내거나 사용한 건 아닌지 확인해야 해.

여섯째, ==풍자 여부 확인하기==. 뉴스가 너무 이상하다면 풍자하는 글일 수 있어. 기사를 쓴 사람의 편견이 담겼는지 잘 파악해야 해.

일곱째, ==선입견 점검하기==. 자신의 믿음이 기사를 판단하는 데 영향을 미치지 않았는지 스스로에게 물어보자.

여덟째, ==전문가에게 문의하기==. 해당 분야 관련자나 사실을 점검하는 사이트 등에서 기사가 진실인지 확인해야 해.

조회 수를 위해 얼렁뚱땅 재빠르게 영상을 만든다!
사이버 렉카

요즘은 조회 수를 올려 광고 수익을 내기 위해 허위 영상을 제작해서 동영상 플랫폼에 영상을 올리는 사람들이 늘고 있어. 이러한 사람들을 '사이버 렉카'라고 불러. 차 사고가 났을 때 어디선가 부리나케 달려오는 견인차(레커차)들처럼, 사람들이 관심을 가질 만한 일들이 일어나면 일단 이에 관한 영상을 얼렁뚱땅 만들어 재빠르게 올리기 때문이야. 자극적인 단어를 써서 진실과는 거리가 먼 이야기들을 제멋대로 지어내지.

문제는 이 영상을 그대로 믿는 사람들이 많다는 거야. 게다가 이 이야기를 언론에서 진실인 양 다루는 경우도 있어. 이렇게 거짓말들이 일파만파 퍼지면서 피해를 입는 사람들이 늘고 있어. 하지만, 현재는 이들을 규제할 수단이 없어. 무작정 규제를 한다면 표현의 자유를 침해할 수 있거든. 따라서 우리가 먼저 미디어 리터러시를 갖추고 어떤 영상이건 비판적으로 보는 것이 더욱 중요해.

이야기 다섯

인공지능 클로버의 특별한 하루

여기는 봉봉 시 시장 후보 최나나의 선거 사무소다. 이른 새벽이지만, 사무소 안에 불이 환하게 켜졌다.

위이잉~.

커다란 모니터에 전원이 들어왔다. 모니터에 행운을 상징하는 네잎클로버의 모습이 떴다. 아무도 없는 사무실에 맑은 목소리가 울렸다.

"2050년 4월 17일. 최나나 선거 사무실 소속 인공지능 비서 클로버. 5시 30분 기상 리포트 확인. 선거 운동 마지막 날 확인. 사무실 내 공기 청정기 가동 확인. 아침 뉴스 확인."

아침에 할 일들을 차근차근 해낸 클로버는 문을 주시했다. 형체가 없는 AI지만, 마치 누군가를 기다리는 모양새다. 그때였다. 누군가 힘차게 사무실 문을 열고 들어왔다.

"안녕. 클로버, 우리 예쁜 딸. 좋은 아침이야."

"네. 최나나 님. 좋은 아침이에요."

활기차게 인사를 건네는 최나나에게 클로버도 상냥한 목소리로 인사했다. 최나나는 마치 클로버가 진짜 있는 것처럼 모니터와 눈을 마주한 채 반갑게 웃었다. 그래서 클로버는 최나나가 좋았다. 특히 최나나가 '예쁜 딸'이라고 할 때 더 좋았다. 지금 클로버가 느끼는 '좋다'는 것이 사람들이 느끼는 '좋다'인지는 확실하지 않지만. 클로버는 감정에 대한 데이터들을 알아보다가 이런 느낌을 '좋다'라고 한다는 것을 배웠다.

"딸, 오늘은 자전거 도로를 보수하는 공약에 대해 먼저 이야기해야 하지?"

최나나는 클로버가 미리 내려놓은 커피를 들고 오늘 할 일을 확인했다.

"네. 새벽에 나와서 운동하는 사람들을 중심으로 공약을 내보낼 거예요."

"그래. 나는 9시까지 광장에 나갔다가 시장으로 가야겠다. 저녁때는 '최나나 마을'에서 마무리하고."

"네. 마무리는 메타버스 플랫폼에서 하겠습니다."

"고마워. 나는 오늘도 열심히 발로 뛸게. 클로버는 '또 다른 최나나들'을 잘 부탁해."

"네!"

최나나가 말하는 '또 다른 최나나들'은 클로버가 최나나의 사진을 가지고 최나나와 거의 비슷하게 만든 아바타들이다. 이 아바타들은 진짜 최나나가 할 수 없는 일들, 예를 들어 가상 현실 속이나 여러 군데서 동시에 선거 운동을 할 때 필요했다.

"딸, 오늘이 선거 운동 마지막 날이네. 끝까지 잘 부탁해."

"알겠습니다."

최나나가 나가자 클로버도 본격적인 일을 시작했다.

먼저 클로버는 출근하기 위해 자전거를 점검하는 최봉구 씨의 스마트 안경에 최나나의 공약 광고를 보냈다. 동시에 자전거 도로를 열심히 달리는 자전거 동호회 사람들에게도 같은 광고를 내보냈다. 스마트 안경에 나타난 최나나의 아바타는 활기차게 말했다.

"시장 후보 기호 1번 최나나입니다. 건강한 도시를 위해 오래되고 망가진 자전거 도로를 다시 정비하고 새로운 도로를 만들어 나가겠습니다."

자전거를 끌고 출근하던 최봉구 씨는 최나나의 아바타가 하는 말에 빙그레 웃음을 지었다. 해가 뜨기도 전부터 자전거를 타던 자전거 동호회 사람들도 자전거 도로가 더 좋아질 거라는 기대감에 미소 지었다.

오전 8시, 사람들이 출근하는 시간이 됐다. 클로버는 우선 봉봉 시내 자율 주행 자동차들의 위치를 검색했다. 사람들이 자율 주행 자동차를 주로 타게 되면서 더 이상 집 근처에 있는 주차장에 차를 두지 않았다. 자율 주행 자동차를 출근 시간에 맞춰 부르면 자동차가 알아서 집 앞으로 오기 때문이다.

클로버는 제각각 차량에 타는 사람들의 SNS나 인터넷 검색 기록을 분석했다. 그리고 최나나가 약속하는 공약 중 사람들의 취향에 맞는 공약을 내보냈다.

자율 주행 자동차에 사람들이 타자 자동차 안 스피커에서 최나나의 공약이 흘러나왔다. 이어서 봉봉 시 시장 선거에 나서는 모든 후보들의 공약들이 차례대로 나왔다.

"이번에 나온 시장 후보들은 공약이 다 좋아. 누구를 뽑아야 할지 모르겠어."

"그러게. 나는 현재 시장님 공약이 좋더라. 우리 시에 공원이 더 있었으면 했는데, 마침 시가 가진 땅에 새로운 공원을 만든다는 공약이 있잖아."

"맞아. 최나나 시장님은 지난번 공약들도 대부분 지켰잖아. 저번에 시장 후보자 토론회를 할 때 보니까 최나나 시장은 자신의 공약을 어떻게 지켰는지 다 이야기하더군. 정말 믿을 만한 사람이야."

봉봉 시에 사는 사람들은 대부분 후보자들이 내세운 공약들을 마음에 들어 했다. 사실 당연한 일이다. 최나나와 공약을 만들기 전에 클로버는 사람들이 온라인에 남기는 흔적들을 조사했다. 사람들의 검색 기록은 물론이고 SNS에 올리는 한마디까지 분석해서 사람들의 관심사를 알아냈다.

물론 다른 후보자들도 인공지능 비서와 빅데이터를 분석해서 유권자들의 취향을 알아냈다. 그래도 클로버는 최나나가 다른 후보자들보다 훨씬 유리하다고 생각했다. 최나나는 현재 봉봉 시의 시장이고 지난 선거에서 내세운 공약들을 충실히 지켰다. 사람들의 마음을 사는 공약을 쉽게 만들 수 있지만 그걸 지키는 일은 쉽지 않다. 그래서 클로버는 선거 운동을 할 때 사람들에게 최나나가 얼마나 성실히 공약을 지켰는지 강조했다.

점심시간이 지나자 클로버는 초등학교 앞을 공략했다. 특히 클로버가 주시한 건 초등학교 앞에 있는 작은 가게들이었다. 학교 앞 가게들은 대부분 작아서 많은 지원이 필요하다. 무인 가게들도 많지만 여전히 사람이 장사하는 곳도 있었다. 바로 분식집 같은 곳이다.

마침 봉봉 분식 사장님이 가게를 열었다. 사장님은 핫도그를 튀기고, 먹음직스러운 떡볶이를 커다란 나무 주걱으로 열심히 젓고 있었다. 거리에는 달달하고 매콤한 떡볶이 냄새가 퍼져 나갔다.

아이들은 코를 킁킁대며 분식집 앞을 기웃거렸다. 열심히 뛰어놀았는지 땀범벅이 된 남자아이 셋이 장난치면서 분식집에 들어가고 있었다. 분식집 사장이 그 아이들을 맞이했다.

클로버는 그 모습을 거리의 CCTV로 확인하고 나서 분식집 앞에 최나나의 아바타를 띄웠다. 홀로그램으로 만들어진 아바타는 정말 최나나 같았다. 최나나의 아바타가 큰 소리로 외쳤다.

"아이들을 위해 '작은 가게'가 행복한 도시를 만들겠습니다!"

"앗. 깜짝이야."

갑작스런 소리에 놀란 아이들이 최나나의 홀로그램을 둘러쌌다.

"우리도 투표할 수 있으면 좋겠다. 봉봉 분식을 위해 시장님한테 투표하게."

"고등학교 때 하면 되잖아. 좀만 참으면 되는 데 뭘."

"그때는 이런 공약이 없을 수도 있잖아."

아이들은 재잘대며 분식집 안으로 들어갔다. 분식집 사장은 최나나의 홀로그램을 보고 슬쩍 미소 지었다.

며칠 전부터 최나나의 홀로그램이 자주 떴다. 홀로그램이 안내해

준 공약들 가운데 분식집 같은 작은 가게의 세금을 줄여 준다는 공약은 마음에 꼭 들었다. 분식집 사장은 이번 선거에서 최나나를 뽑아야 겠다고 생각하며 아이들에게 말했다.

"너희 오늘도 야구하고 놀았나 보네."

"네. 그래서 지금 너무 배고파요."

"평소처럼 떡볶이 세트 주면 될까?"

"네!"

이번에 클로버는 봉봉 시에 있는 모든 아파트들의 관리 사무소와 엘리베이터 안에 있는 광고판에 최나나의 아바타를 내보냈다. 최나나가 시장이 되면 봉봉 시내 아파트에 있는 재활용 시설을 편한 방식으로 바꾸겠다고 했기 때문이다. 최나나는 병과 비닐, 플라스틱 제품에 미리 보증금을 매기고 이것을 수거 자판기에 반납하면 미리 낸 보증금을 돌려주는 공약을 내세웠다.

"저 공약 정말 좋은 거 같아요. 매번 잘못 버린 쓰레기를 처리하기도 힘들었는데."

봉봉 아파트 관리 사무소 직원들은 최나나의 공약에 관심을 보였다. 엘리베이터를 타던 아파트 주민들도 광고판에서 나오는 최나나의 공약을 보고 미소를 지었다.

어느새 해가 뉘엿뉘엿 지고 있었다. 사람들이 일과를 끝내고 메타버스 플랫폼 안에서 여가를 즐겼다. 이번에는 최나나의 3D 아바타가 편안한 옷차림을 하고 수많은 아바타 손님들을 만났다. 외부에서 유세를 끝낸 최나나가 직접 아바타를 움직이며 메타버스 속 최나나 마을에 놀러 오는 많은 아바타들을 맞이했다.

아바타들은 최나나의 공약들을 꼼꼼하게 보고, 그 옆에 있는 선거 홍보 영상 아래에서 인증 사진을 찍었다. 바로 중앙선거관리위원회에서 진행하는 '투표합시다! 챌린지'를 하는 것이다. 아바타들이 후보자들의 마을을 둘러보고 인증 사진을 찍으면 투표 도장이 그려진 귀여운 배지를 받는 챌린지다. 배지를 받은 사람들이 실제로 투표하면 이 배지는 아바타의 의상에 자동으로 달린다.

'클로버. 나도 인증 사진 찍어 줘.'

많은 아바타들이 북적이는 가운데 최나나의 아바타가 말풍선을 띄웠다. 클로버가 인증 사진을 찍자 최나나에게도 배지가 생겼다.

최나나가 받은 배지를 자랑하자, 아바타들도 너도나도 인증 사진을 찍었다. 그러자 다른 후보자들도 인증 사진을 찍고 배지를 받았다.

저녁 7시, 드디어 봉봉 시 시장 선거의 선거 운동이 공식적으로 끝났다. 최나나도 메타버스 플랫폼에서 로그아웃했다. 내일 아침이 되면 모두 스마트폰을 열고 투표를 할 것이다. 클로버는 문득 자신도 최나나를 뽑고 싶다고 생각했다. 하지만 아쉽게도 인공지능에게는 투표권이 없었다.

"선거에 대해 사람들이 검색하거나 SNS에 올린 내용을 모아 데이터를 분석했어요. 그 결과, 나나 님이 우세해요. 큰 이변이 없는 한 나나 님이 당선될 거예요."

클로버의 말에 최나나가 환하게 웃었다.

"정말 고마워. 클로버. 이 모든 게 우리 예쁜 딸 클로버 덕분이야. 2주간 너무 고생했어. 네가 없었다면 나는 선거 운동을 아예 할 수 없었을 거야. 만약 내가 당선된다면 전적으로 네 덕이야. 시장이 된다면 우리가 함께 만든 공약들을 꼭 지킬게."

"네. 나나 님의 승리를 위해 기도할게요."

"고마워! 내일 보자. 예쁜 딸!"

최나나는 클로버에게 다정하게 인사하고 사무실을 나갔다. 최나나의 가벼운 발걸음 소리가 멀어지는 것을 들으며 클로버는 하루를 마무리했다.

"최나나 선거 사무실 소속 인공지능 비서 클로버. 사무실 내 모든 기기 전원 끄기 확인. 현재 시각 20시 47분 확인. 로그아웃."

사무실의 모든 불이 꺼지고 모니터의 화면이 깜빡거리더니 네잎클로버가 서서히 사라졌다. 잠들기 직전, 클로버는 내일이 어서 빨리 왔으면 좋겠다고 생각했다.

선거와 과학, 그리고 민주주의의 미래

인공지능 비서인 AI가 빅데이터를 분석해서 선거 운동을 하거나 가상 공간에서 선거 운동을 하는 세상. 과학을 이용해 선거를 치르는 세상은 먼 미래의 이야기일까? 그렇지 않아. 지금도 '선거에는 과학이 적극적으로 활용되고 있거든!

 **선거와 과학, 떼려야 뗄 수 없다고?**

민주주의라는 열매를 잘 맺기 위해서는 선거라는 꽃을 잘 피워 내야 해. 때문에 선거는 투명하고 정확하게 치러야 하지. 선거 준비부터 선거 운동, 투표 과정, 결과 집계 등 모든 과정에서 그 어떤 오류도 없어야 해. 그래서 우리는 투표율을 계산하고 개표하는 데 과학적

인 방법을 써.

또 사람들의 마음, 즉 여론을 반영한 정책이나 공약들을 만드는 데도 과학적인 방법이 쓰여. 바로 '빅데이터 분석'이야. 선거철이 되면 꼭 여론 조사를 해. '여론 조사에 따르면 어떤 후보가 가장 유력하다'는 이야기가 자주 들리지.

여론 조사가 중요한 이유는 우리의 생각을 미리 알아볼 수 있기 때문이야. 그런데 투표권을 가진 사람들을 전부 조사하는 건 불가능해. 그래서 유권자들 중에 몇몇 사람들을 뽑아서 생각을 묻고 그 결과로 전체 유권자의 의사를 추측했어. 이런 통계법을 '표본 조사'라고 해. 전화를 걸거나 투표하고 나오는 사람들을 몇몇 인터뷰하면서 조사를 했지. 이 방법은 늘 오차가 있었어. 그런데 '빅데이터 분석'을 통해 이 오차를 줄일 수 있게 된 거야.

과학 기술의 발달 덕분에 우리는 네이버 트렌드나 구글 트렌드를 검색해서 쉽게 빅데이터를 분석하게 되었지. 이제 사람들의 생각을 읽는 것은 더 이상 어려운 일이 아니야.

특히 우리나라 선거에는 빅데이터를 분석해서 만든 '선거 마이크로 전략 지도'를 활용해. 먼저 우리나라 17개 시도의 인구, 나이, 선거인 수와 같은 통계청 정보와 지리 정보, 여론 조사 결과, 역대 선거 결과 등을 분석해. 그리고 득표 확률이 높은 지역을 단계별로 표시하지. 후보자들은 선거 운동을 할 때 이 선거 마이크로 전략 지도를 적극적으로 사용했어.

 **미래 선거, 선거에 첨단 과학을 더하다!**

봉봉 시의 최나나처럼 미래에는 아바타를 써서 유권자가 어디에 있든 그 앞에 나타나 그 사람들에게 맞는 방식으로 선거 운동을 할 수도 있을 거야.

사물 인터넷, 인공지능 챗봇, 가상 현실 기술 등 첨단 과학 기술을 활용해 온라인에서 선거 운동을 하는 경우도 생기겠지. 2020년 미국 대통령 선거 때 당시 존 바이든 후보가 닌텐도 게임 '동물의 숲'에서 선거 운동을 한 것처럼 말이야.

더 많은 사람들이 만족할 만한 선거 방법이 나올 수도 있어. 노벨 경제학상을 수상한 미국의 경제학자 에릭 매스킨은 사람들이 후보에 좋아하는 순서대로 등수를 적어 내는 방법을 제시했어. 하지만 이 방법은 결과를 분석하는 것이 힘들어서 쓸 수 없었어. 하지만 컴퓨터가 매일 어마어마한 속도로 발전하고 있어서 이 방법도 곧 가능해질 수 있어.

또한 본격적인 디지털 시대가 열리면서 '전자 투표'를 하자는 이야기도 있어. 물론 지금은 전자 투표를 하는 나라가 많지 않아. 에스토니아와 인도가 전자 투표를 하지. 우리나라는 코로나 19 때문에 비대면으로 선거를 치르고자 전자 투표를 하자는 의견이 나왔어.

하지만 전자 투표를 하려면 해결해야 할 문제들이 많아. 투표 정보를 디지털로 만들기 위해서는 어마어마한 양의 데이터를 한꺼번에 처리할 값비싼 중앙 서버를 마련해야 해. 누군가 서버를 해킹하거나, 결과를 조작할 수도 있지.

그렇다면 전자 투표는 앞으로도 어려울까? 아직은 국민이 많은 나라에서 안전하게 전자 투표를 실시할 만큼 적절한 방법이 나오지는 않았어. 하지만 과학은 나날이 발전하고 있어. 지금의 문제점을 해결할 방법이 나올 수 있겠지. 아마 여러분이라면 해결 방법을 꼭 찾을 수 있을 거야.

 **미래의 선거를 위해 우리가 해야 할 고민들**

미래에 전자 투표나 온라인 선거가 본격적으로 시작된다면 세상은 어떻게 변할까? 마냥 좋기만 할까? 고민할 부분도 있어. 우선 개인의 사생활이 침해될 수 있어. 인터넷 세상에 머무는 일들이 많을수록 우리는 더 많은 개인 정보들을 온라인에 올리게 될 거야. 그 개인 정보가 마구 사용될 수 있지.

또, 인공지능이 빅데이터를 가지고 학습을 했을 때 윤리적인 문제가 생길 수 있어. 어떤 문제냐고? 사실 사람들의 생각은 늘 중립적이지 않아. 편견을 갖기도 하고 차별하기도 해. 이러한 사람들의 편향

된 생각들이 온라인에 데이터로 쌓이지. 인공지능이 그 데이터들을 학습했을 때 오히려 사람보다 더 차별하는 태도를 보이게 돼. 이런 인공지능을 써서 선거 운동을 한다면 어떤 일이 벌어질까? 정작 도움이 필요한 사람들이나 소수자들을 위한 공약들이 점점 사라질 수도 있겠지.

고민해야 할 문제는 또 있어. 우리 모두 디지털 기술을 자유자재로 쓸 수 있는 건 아니야. 사람마다 사는 곳, 경제 능력 등에 따라 디지털 기기를 쓸 여건이나 능력이 다르지. 그 결과, 정보가 불평등하게 주어질 수 있어. 그럴 경우에는 선거의 원칙 중 하나인 평등 선거의 원칙이 깨지게 돼.

또, 전자 투표를 한다면 스마트폰에 클릭 한 번으로 투표할 수도 있을 거야. 마치 저녁 메뉴를 고르는 것처럼 누구나 쉽게 투표를 하는 거지. 번거롭게 투표소를 찾지 않아도 되니 몸이 불편한 장애인이나 아프거나 다쳐서 투표장에 가기가 어려운 사람들에게는 좋은 방식일 거야. 선거일에 수많은 공무원들이 일할 필요가 없으니 선거 비용도 크게 줄어들 거고. 하지만 그만큼 투표나 선거를 클릭 한 번으로 가볍게 생각할 가능성도 있어.

마지막으로 선거는 국민을 위한 정책을 펼치는 일꾼을 뽑는 일이야. 따라서 유권자는 후보자의 정책을 꼼꼼하게 알아봐야 해.

옛날에는 TV, 신문에서 정책에 대해 알아보았어. 그러나 지금은 유튜브를 비롯한 소셜 미디어, 심지어 게임이나 메타버스까지 정책을 알려 주는 곳이 많아졌지. 예전에는 상상할 수 없는 방식으로 선거를 치르게 된 거야.

하지만 아직 SNS나 유튜브 등 소셜 미디어에서 잘못된 정보나 기사가 퍼질 때 이것을 막을 법과 제도가 부족해. 아무도 그런 잘못에 대해 책임을 지지 않는다면 어떻게 될까? 우리가 올바른 선택을 하기 어렵겠지?

앞으로 선거에 과학이 어디까지 활용될지, 별다른 부작용은 없을지를 충분히 논의해야만 해. 그리고 우리는 이러한 부작용들을 막기 위해 최선을 다해야 할 거야.

관련교과

초등 4학년 1학기 사회 3단원

'지역의 공공 기관과 주민 참여'

초등 4학년 2학기 사회 3단원

'지역 사회의 발전'

초등 5학년 2학기 사회 3단원

'대한민국의 발전과 오늘의 우리'

초등 6학년 1학기 사회 1단원

'우리나라의 정치 발전'

초등 6학년 2학기 사회 5단원

'우리가 만들어 가는 미래 사회'

참고문헌

📕 이야기 하나
- 강정인, 『민주주의의 이해』 문학과지성사, 1997
- 장성익, 『사라진 민주주의를 찾아라』 풀빛, 2018
- 베터니 휴즈, 『아테네의 변명』 옥당, 2012
- 존 롤스, 『정의론』 이학사, 2003
- 플라톤, 소크라테스, 『소크라테스의 변명』 현대지성, 2019
- 대럴 M 웨스트, 『부자들은 왜 민주주의를 사랑하는가』 원더박스, 2016
- 유시민, 『후불제 민주주의』 돌베개, 2009
- 장 자크 루소, 『사회계약론』 펭귄클래식코리아, 2010
- 앙드레 보나르, 『그리스인 이야기 1』 책과 함께, 2011
- 잉게 숄, 『아무도 미워하지 않는 자의 죽음』 평단, 2021

📕 이야기 둘
- 헬레나 노르베리 호지, 『로컬의 미래』 남해의 봄날, 2018
- 이효건, 『청소년, 정치의 주인이 되어 볼까?』 사계절, 2013
- 강제명, 『힙합 청소년 정치학』 이론과 실천, 2019
- 박상준, 『역사와 함께 읽는 민주주의』 한울, 2020

🚩 이야기 셋

- 중앙선거관리위원회 누리집 https://www.nec.go.kr
- 대한민국 헌법
- 정당법
- 에릭 매스킨의 강연 〈선거와 전략적 투표〉

🚩 이야기 넷

- 알렉산더 J 스튜어트 외, 「정보 게리맨더링과 비민주적인 의사결정(Information gerrymandering and undemocratic decisions)」 Nature volume 573, 2019
- 전경란, 「미디어 리터러시의 이해」 커뮤니케이션북스, 2015
- 알렉스 캘리니코스, 찰리 킴버, 「브렉시트, 무엇이고 왜 세계적 쟁점인가?」 책갈피, 2019
- 국제도서관연맹(IFLA) 「가짜뉴스를 판별하는 법(How to Spot Fake News Using the IFLA Infographic in Libraries)」 KISTI 오픈액세스 동향, 2017

🚩 이야기 다섯

- 바버라 R 재스니, 리차드 스톤, 「예측과 그 한계(Predicion and its limits)」 Science Vol 355, 2017
- 제프 올로우스키 감독의 다큐멘터리, 〈소셜 딜레마〉, 2020
- 쿨렌 호백 감독의 다큐멘터리, 〈위 약관에 동의합니다 Terms and Conditions May Apply〉, 2013
- 샬리니 칸타야 감독의 다큐멘터리, 〈알고리즘의 편견〉, 2020

국어, 사회, 과학, 기술, 도덕, 경제까지
교과목 공부가 되고 세상의 눈을 키우는 상식도 쌓아주는
사회과학 동화 시리즈

공부가 되고 상식이 되는! 시리즈 ❶

어린이 생활 속 법 탐험이 시작되다!
신 나는 법 공부!

변호사 선생님이 들려주는
흥미진진한 법 지식과 리걸 마인드 키우기!

장보람 지음, 박선하 그림 | 168면 | 값 11,000원

공부가 되고 상식이 되는! 시리즈 ❷

동화로 보는 착한 소비의 모든 것!
미래를 살리는
착한 소비 이야기

친환경 농산물, 동네 가게와 지역 경제,
대량생산vs동물복지, 저가상품vs공정상품

한화주 지음, 박선하 그림 | 148면 | 값 11,000원

공부가 되고 상식이 되는! 시리즈 ❸

똑똑한 경제 습관과 금융 IQ를 길러 주는
어린이 금융경제 교육
적금은 뭐고 펀드는 뭐야?

동화로 보는 어린이 금융경제 교육의 모든 것!

김경선 지음, 박선하 그림 | 120면 | 값 11,000원

공부가 되고 상식이 되는! 시리즈 ❹

우리가 소셜 미디어를 하면서
반드시 알고 지켜야 할 것들의 모든 것!
미래를 이끄는 어린이를 위한
소셜 미디어 이야기

1인 미디어, 실시간 정보검색, 온라인 인간관
계 길잡이, 올바른 SNS 사용규칙

한현주 지음, 박선하 그림 | 152면 | 값 11,000원

국어, 사회, 과학, 기술, 도덕, 경제까지
교과목 공부가 되고 세상의 눈을 키우는 상식도 쌓아주는
사회과학 동화 시리즈

공부가 되고 상식이 되는! 시리즈 ❺

동화로 보는 SW교육, 사물인터넷, 인공지능 로봇,
로봇 세상의 생활과 진로!

어린이를 위한
인공지능과 4차 산업혁명 이야기

과학 기술과 데이터, 로봇과 공존하는
인공지능 시대를 살아갈 어린이 친구들을 위한
과학 동화

김상현 지음, 박선하 그림 | 163면 | 값 12,000원

공부가 되고 상식이 되는! 시리즈 ❻

동화로 보는 '4차 산업혁명 시대'에 따뜻한 기술이
가져오는 행복한 미래와 재미난 공학

어린이를 위한
따뜻한 과학, 적정 기술

어린이를 위한 "따뜻한 기술과 윤리적인 과학"
에 대한 흥미롭고도 실천적인 이야기!

이아연 지음, 박선하 그림 | 160면 | 값 12,000원

공부가 되고 상식이 되는! 시리즈 ❼

포장 쓰레기의 여정으로 살피는
소비, 환경, 디자인, 새활용, 따뜻한 미래 이야기

미래를 위한 따뜻한 실천,
업사이클링

버려진 물건에게 새 삶을 주는
따뜻한 실천에 대한 흥미진진한 이야기!

박선희 지음, 박선하 그림, 강병길 감수 | 144면 | 값 12,000원

국어, 사회, 과학, 기술, 도덕, 경제까지
교과목 공부가 되고 세상의 눈을 키우는 상식도 쌓아주는
사회과학 동화 시리즈

공부가 되고 상식이 되는! 시리즈 ❽

동화로 보는 동물학대와 유기, 대규모 축산농장,
동물실험, 동물원에 대한 불편한 진실

어린이를 위한
동물 복지 이야기

동물과 함께 행복해지기 위한 윤리적인 선택,
그에 대한 흥미롭고도 실천적인 이야기!

한화주 지음, 박선하 그림 | 166면 | 값 12,000원

공부가 되고 상식이 되는! 시리즈 ❾

동화로 보는 신재생에너지, 에너지 불평등과 자립,
에너지 공학자, 에너지 과학 기술

지구와 생명을 지키는
미래 에너지 이야기

"행복하고 안전한 미래를 맞이하려면
에너지 문제를 반드시 해결해야 해요!"

정유리 지음, 박선하 그림 | 162면 | 값 12,000원

공부가 되고 상식이 되는! 시리즈 ❿

동화로 보는 '미세먼지'를 둘러싼 환경, 건강,
나라, 경제, 과학 이야기

생명을 위협하는 공기 쓰레기,
미세먼지 이야기

"왜 미세먼지는 나아지지 않고
점점 심해지는 걸까?"

박선희 지음, 박선하 그림 | 160면 | 값 12,000원

공부가 되고 상식이 되는! 시리즈 ⓫

사라지는 일, 생겨나는 일!
미래 일자리의 변화와 기술, 직업 가치를
생생하게 알려 주는 과학 인문 동화

어린이를 위한
4차 산업혁명 직업 탐험대

"달라진 일의 미래, 나는 어떤 일을 하게 될까?"

김상현 지음, 박선하 그림 | 167면 | 값 12,000원

국어, 사회, 과학, 기술, 도덕, 경제까지
교과목 공부가 되고 세상의 눈을 키우는 상식도 쌓아주는
사회과학 동화 시리즈

공부가 되고 상식이 되는! 시리즈 ⑫

동화로 보는 미디어 속 가짜 뉴스에 담긴
불편한 진실과 미디어 리터러시 교육!

어린이가 알아야 할
가짜 뉴스와 미디어 리터러시

"뉴스는 무조건 믿어도 되는 걸까요?"

채화영 지음, 박선하 그림 | 144면 | 값 12,000원

공부가 되고 상식이 되는! 시리즈 ⑬

동화로 보는 해양 쓰레기, 미세 플라스틱, 남획,
바다 산성화, 뜨거운 바다, 그리고 분쟁의 바다

지구가 보내는 위험한 신호,
아픈 바다 이야기

"지속 가능한 바다를 위해
우리는 어떤 일을 할 수 있을까?"

박선희 지음, 박선하 그림 | 161면 | 값 12,000원

공부가 되고 상식이 되는! 시리즈 ⑭

빅데이터, 데이터 마이닝, 데이터 과학자와 데이터
윤리까지! 동화로 살펴보는 빅데이터의 모든 것!

어린이를 위한 미래 과학,
빅데이터 이야기

"이제 분야를 막론하고 미래 세상을 이끌어갈
사람들은 모두 빅데이터를 알아야만 해!"

천윤정 지음, 박선하 그림 | 159면 | 값 12,000원

공부가 되고 상식이 되는! 시리즈 ⑮

이웃과 환경을 생각하고 사회를 밝게 만들어 주는
착한 디자인에 대한 아주 특별한 다섯 이야기!

세상을 따뜻하게 만드는
착한 디자인 이야기

좋은 디자인은 그 자체로
세상을 바꾸는 발명이 된다!

정유리 지음, 박선하 그림 | 155면 | 값 12,000원

국어, 사회, 과학, 기술, 도덕, 경제까지
교과목 공부가 되고 세상의 눈을 키우는 상식도 쌓아주는
사회과학 동화 시리즈

공부가 되고 상식이 되는! 시리즈 ⓰

하늘 저 너머에도 쓰레기가 있다고?
우주 탐사 최대 방해물, 우리를 위협하는
우주 쓰레기의 모든 것!

지구와 미래를 위협하는
우주 쓰레기 이야기

"우주 과학이 발전하는 만큼
우주 쓰레기는 더 많아진다고?"

김상현 지음, 박선하 그림 | 136면 | 값 12,000원

공부가 되고 상식이 되는! 시리즈 ⓱

상상 그 이상!
진짜보다 더 진짜 같은 가상 세계의 모든 것!

어린이를 위한
가상현실과 메타버스 이야기

"진짜보다 더 진짜 같은 가상 세상이 온다!"

천윤정 지음, 박선하 그림 | 152면 | 값 12,000원

공부가 되고 상식이 되는! 시리즈 ⓲

멋과 유행, 경제와 윤리적 소비,
환경의 관계에 대해 이야기하는 생각동화!

환경을 지키는
지속 가능한 패션 이야기

"옷 한 벌에 담긴 따뜻한 마음이야말로
세상을 아름답게 지켜 내!"

정유리 지음, 박선하 그림 | 152면 | 값 12,000원

국어, 사회, 과학, 기술, 도덕, 경제까지
교과목 공부가 되고 세상의 눈을 키우는 상식도 쌓아주는
사회과학 동화 시리즈

공부가 되고 상식이 되는! 시리즈 ⑲

동화로 보는 주식과 투자, 경제에 관한 모든 것!
경제를 아는 어린이로 이끌어 주는 주식과 투자 이야기

"지구를 지키는 일만 하고
경제 공부는 처음인 전설의 히어로즈,
얼결에 주식회사를 세우다?"

김다해 지음, 박선하 그림 | 156면 | 값 12,000원

공부가 되고 상식이 되는! 시리즈 ⑳

동화로 보는 바이러스, 변이 바이러스, 팬데믹, 백신과 의료 불평등, 건강한 생활 습관 이야기!
어린이가 알아야 할 바이러스와 팬데믹 이야기

"눈에 보이지 않는 바이러스의 습격,
어떻게 막아야 할까?"

정유리 지음, 박선하 그림 | 131면 | 값 12,000원

공부가 되고 상식이 되는! 시리즈 ㉑

동화로 보는 이상 기후, 해수면 상승, 식량 위기,
기후 난민 이야기!
기후 위기 시대, 어린이를 위한 기후 난민 이야기

"도와주세요! 날씨가 우리 집을 빼앗았어요!"

박선희 지음, 박선하 그림 | 144면 | 값 13,000원

공부가 되고 상식이 되는! 시리즈 ㉒

환경 오염, 아동 노동, 자원 고갈, 국가 간 쓰레기 문제! 디지털 세상에 더욱 심각해지는 전자 쓰레기!
디지털 미래의 어두운 그림자, 전자 쓰레기 이야기

"독성과 잠재력을 함께 지닌
'전자 쓰레기'의 모든 것!"

김지현 지음, 박선하 그림 | 116면 | 값 13,000원